성경을 읽는 것 자체가 좋습니다. 그러나 알고 읽는 것은 더 좋습니다. 알고 읽되 그리스도를 중심으로 신구약 전체를 이해하고 읽는다면 금상첨화일 것입니다. 역사와 전통이 있는 미국 웨스트민스터 신학교에서 개인은 물론이고 교회 안의 다양한 그룹에서 사용할 수 있는 성경읽기 교과서를 보내왔습니다. 심혈을 기울여 만든《리딩지저스》는 한국 교회 성도들에게 귀한 선물이 되기에 충분합니다.

**이규현 담임목사 | 수영로교회**

미국 필라델피아에 자리한 웨스트민스터 신학교는 미국 기독교계는 물론이고 한국 교회에도 큰 영향을 미친 신학교입니다. 영향력 있는 신학자들을 많이 배출하였고, 이를 통해 한국 교회에 크게 공헌한 신학교입니다. 이 고마운 신학교에서 이번에 한국 교회를 위해 또 한 번 큰 수고를 해 주었습니다. 신학교 산하에 있는 웨스트민스터프레스코리아에서《리딩지저스》라는 성경읽기 도구를 만들었습니다. 신학교 교수님들의 강의를 성도님들도 쉽게 이해하시도록 긴 시간을 들여서 만든 작품입니다.《리딩지저스》가 가진 가장 큰 의미가 있다면, 성경이 가리키는 한 분, 예수 그리스도를 중심에 둔 성경읽기라는 점입니다. 모든 저자가 성령의 감동으로 오직 한 분 예수님을 드러내기 위해 쓴 책이 성경이라면, 우리는 성경을 쓰인 목적대로 읽어야 할 것입니다. 이런 점에서 많이 기대되는 책입니다. 이 책을 통해 우리는 구약성경이든 신약성경이든 어느 본문에서든 예수님을 발견하게 될 것입니다.《리딩지저스》와 함께 성경이 말하는 예수 그리스도를 체험하는 행복한 시간을 갖게 되시기를 바랍니다. 나 자신과 내가 처한 상황을 그리스도 중심으로 해석하는 힘이 길러지리라 믿으며 기쁘게 추천합니다.

**이찬수 담임목사 | 분당우리교회**

성경을 가까이하고 즐겨 읽는 것이 경건의 핵심인 줄 다 알면서도 성경읽기의 행복에 들어가는 것이 생각보다 쉽지 않아서 많은 성도가 여러 번 시도하지만 실패하고는 합니다. 이번에 출간되는《리딩지저스》는 이런 점에서 성도들에게 큰 유익을 끼치리라 생각합니다. 창세기부터 요한계시록까지 성경에 나오는 다양한 인물과 사건을 예수님 중심으로, 예배하는 심령으로 읽도록 도와주어서, 우리의 성경읽기가 단순한 지적 호기심 충족이나 설익은 적용에 그치지 않고, 성경 본문을 풍성하게 누리도록 도전합니다. 또한 삶의 변화로 이끄는 성경읽기가 되도록 안내할 것입니다. 성경읽기를 통해 우리 삶의 전부요 기쁨이신 구주를 더욱 알고 사랑하는 일이 조국 교회와 성도들의 삶에 더욱 풍성해지기를 기대하는 마음으로 이 책을 적극 추천합니다.

**화종부 담임목사 | 남서울교회**

사도 바울은 연소했던 디모데에게 자신의 사역을 이양하면서 '읽는 것에 전념'하라고 합니다(디모데전서 4:13). '성경을 읽는 것'은 주님의 일을 하는 데 가장 기본인 훈련이며, 성숙한 성도로 살아가는 현장의 시작이라는 뜻입니다. 하나님 앞에 바로 서려는 진지한 결단을 하고 싶다면, 성경을 일독해 보라고 권하고 싶습니다. '말씀'은 시작부터 있었고(요한복음 1:1), 인생을 초기화[reset]할 때 반드시 '말씀'이 앞에서 이끌어 주어야 하기 때문입니다. 그런데 그동안은 강력히 추천할 성경읽기 교재가 없었습니다. 이제 우리 앞에 나타난 듯합니다.《리딩지저스》 성경읽기 교재에는 신학이 담겨 있으며, 그 신학이 성경 66권 전체를 읽어 가는 긴 여행을 돕는 훌륭한 지팡이가 될 것입니다.《리딩지저스》가 담고 있는 신학은 신뢰할 수 있습니다. 예수 그리스도를 중심으로 성경 전체를 읽어 나가는 길을 안내하기 때문입니다.《리딩지저스》는 한국 교회의 소생이라는 염원을 담아 제작되었습니다.《리딩지저스》는 말씀 위에 세워진 한국 교회가 코로나19의 어려움을 이기고 더욱 정결해지는 데 필요한 역할을 할 것입니다.

**한규삼 담임목사 | 충현교회**

READING

JESUS

5

# 미국 웨스트민스터 신학교와 '리딩지저스'

'리딩지저스'는 교회 공동체가 함께 성경 전체를 통독하며 성경의 중심 메시지를 이해할 수 있도록 돕는 성경읽기 프로그램입니다. 확신하건대 성경의 중심 메시지는 예수 그리스도, 곧 그분의 인격과 구원 사역입니다. 웨스트민스터 신학교는 오랜 세월 성경 전체에서 그리스도를 바라보는 성경 해석학에 헌신해 온 학교로 잘 알려져 있습니다. 우리의 이러한 헌신은 그리스도와 사도들의 중심 메시지에 근거합니다.

누가복음 24장 25-27절에서도 우리는 부활하신 예수님이 이 사실을 얼마나 깊이 인식하고 계시는지 볼 수 있습니다. "이르시되 미련하고 선지자들이 말한 모든 것을 마음에 더디 믿는 자들이여 그리스도가 이런 고난을 받고 자기의 영광에 들어가야 할 것이 아니냐 하시고 이에 모세와 모든 선지자의 글로 시작하여 모든 성경에 쓴 바 자기에 관한 것을 자세히 설명하시니라." 예수님의 이러한 성경 연구는 그리스도 중심 성경읽기인 '리딩지저스의 핵심이자 근간'이 됩니다.

'리딩지저스'는 성경적 교회 기반 프로그램으로, 웨스트민스터 신학교의 사명으로부터 발전하였습니다. "웨스트민스터 신학교는 그리스도와 전 세계에 있는 그의 교회를 위하여 하나님의 모든 뜻을 선포하는 성경의 전문가를 양성하기 위해 존재합니다"(웨스트민스터 사명선언문).

**1. 리딩지저스는 성경의 전문가를 양성하는 일을 합니다**

웨스트민스터 신학교의 설립자인 그레샴 메이첸은 "성경의 전문가"라는 문구를 다음과 같이 사용했습니다.

> 신학교는 전문가를 위한 학교라는 사실을 결코 잊어서는 안 됩니다. 우리는 전문화 시대에 살고 있습니다. 눈에도 전문가가 있고, 코, 목, 배, 발, 피부에도 전문가가 있습니다…우리의 전문성은 하나님의 말씀에 있습니다. 성경의 전문가, 웨스트민스터 신학교는 이를 양성해 내기 위해 노력할 것입니다(J. Gresham Machen, "Westminster Theological Seminary: Its Purpose and Plan").

'리딩지저스'는 한국 교회를 위한 성경의 전문가를 양성하는 놀라운 발걸음입니다. 이 프로그램에 참여하는 사람들 가운데 앞으로 수년 내에 한국 교회를 이끌고 섬길 신학, 목회, 선교, 의료, 교육, 상담, 행정 분야의 성경의 전문가가 배출될 것입니다. 지금 '리딩지저스'에 참여하는 것은 곧 한국 교회의 내일을 위한 성경의 전문가들을 양성하는 일에 동참하는 것입니다.

**2. 리딩지저스는 하나님의 모든 뜻을 이해하고 선포하는 것을 핵심으로 합니다**

"하나님의 모든 뜻"(the whole counsel of God)이라는 표현은 사도 바울이 에베소 교회의 사랑하는 장로들에게 고별사를 전하며 나옵니다. "이는 내가 꺼리지 않고 하나님의 뜻을 다 여러분에게 전하였음이라"(사도행전 20:27).

웨스트민스터 신학교의 교육은 예수 그리스도 안에 있는 구원의 충만함이 계시된 성경에 확고하게 뿌리내리고 있습니다. 우리 신학교의 이름은 개혁 신앙의 정점에 있는 웨스트민스터 신앙고백의 이름을 따라 명명되었습니다. 그 이유는 어느 도시나 국가, 교단이나 사람이 아닌 오직 성경의 권위를 따르고자 했기 때문입니다.

'리딩지저스'는 성경이 하나님의 영감으로 기록되었으며, 스스로 권위를 입증하는 말씀이라는 고백 위에 만들어졌습니다. 그뿐만 아니라 성경이 기록된 원래 목적과 의미를 발견하여, 복음의 필수 진리에 전념하도록 돕는 교회를 위한 프로그램입니다. '리딩지저스'에 참여하는 것은 하나님의 모든 뜻에 평생을 헌신한 세계적 수준의 성경 전문 교수진이 가르치는 성경수업을 여러분과 여러분의 가족, 교회, 믿음의 공동체에 가져오는 것입니다. 이 얼마나 훌륭한 선물입니까! '리딩지저스'를 여러분의 교회 사역에 사용하길 진심으로 권합니다.

**3. 리딩지저스는 그리스도를 영화롭게 하고, 전 세계에 있는 그의 교회를 세웁니다**

그리스도를 영화롭게 하는 일은 참으로 우리 삶의 가장 중요한 목적입니다. 웨스트민스터 소요리문답 제1문답은 "사람의 제일되는 목적은 하나님을 영화롭게 하고 영원히 그를 즐겁게 하는 것입니다"라고 가르칩니다. 마찬가지로 예수 그리스도께 초점을 맞추어 그분을 예배하는 것이 바로 '리딩지저스' 프로그램의 핵심입니다.

예수님은 "내가 땅에서 들리면 모든 사람을 내게로 이끌겠노라"(요한복음 12:32)라고 말씀하셨습니다. 웨스트민스터 신학교의 '리딩지저스' 사역은 그리스도 중심 성경읽기를 통하여 십자가와 우리 주 예수 그리스도의 구원 사역을 높이 들어 올리는 것입니다. 저는 '리딩지저스'가 여러분과 여러분의 교회, 그리고 한국뿐만 아니라 전 세계적으로 그리스도를 영화롭게 하고 그분의 교회를 복되게 하리라고 믿습니다.

'리딩지저스' 프로그램을 통해 그리스도와 전 세계에 있는 그의 교회에 하나님의 모든 뜻을 선포하는 성경의 전문가를 함께 양성합시다.

**피터 릴백** 웨스트민스터 신학교 총장

# 교재 소개

우리는 모두 자신에게 익숙한 방식으로 성경을 읽습니다. 어떤 이는 성경 본문이 전하는 내용을 자세히 살피지 않고 서둘러 적용으로 넘어갑니다. 반대로 본문의 신학적 의미만 파고들지 실천은 뒷전인 사람도 있습니다. 아예 성경을 읽고 또 읽는 그 자체에만 집중하는 경우도 있습니다.

《리딩지저스》는 성경을 정확하고 풍성하게 읽도록 돕습니다. 자신이 좋아하는 본문만 골라 읽는 습관을 방지하고, 본문을 이해하는 데 다양한 관점이 있다는 것을 간과하지 않도록 안내합니다. 무엇보다 생각의 변화만이 아니라 삶의 변화를 추구합니다. 이는 성경 전체를 그리스도 중심으로 읽어 나갈 때 일어나는 반가운 소식입니다.

## 1 성경 그 자체를 따라

《리딩지저스》는 성경이 하나님의 영감으로 기록되었으며, 스스로 권위를 입증하는 말씀이라고 고백합니다. 이러한 신앙고백 위에서 성경이 기록된 원래 목적과 의미를 발견할 수 있도록 우리에게 성경이 주어진 그 자체를 순서대로 따라가며 성경을 통독합니다.

## 2 신뢰할 수 있는 신학적 틀

《리딩지저스》는 웨스트민스터 신학교의 "구약성경과 그리스도", "신약성경과 그리스도" 강의를 바탕으로 제작되어 온 교회가 신뢰하며 따라갈 수 있는 성경읽기의 신학적 틀을 제공합니다.

## 3

**균형 있게 통합된 성경통독 교재**

- 1부 성경읽기: 매일 일정한 분량씩 읽는 성경읽기
- 2부 성경수업: 성경 각 권을 그리스도 중심으로 해설한 성경수업
- 3부 성경나눔: 성경읽기와 성경수업의 내용을 바탕으로 공동체가 함께 기도와 예배, 삶의 변화로 나아가는 성경나눔

## 4

**그리스도 중심으로 창세기부터 요한계시록까지 일 년에 일독하는 과정(45주)**

- 1권: 창세기-여호수아(7주)
- 2권: 사사기-에스더(8주)
- 3권: 욥기-아가(7주)
- 4권: 이사야-말라기(9주)
- 5권: 마태복음-로마서(7주)
- 6권: 고린도전서-요한계시록(7주)

# 그리스도 중심 성경읽기

성경은 단숨에 읽을 수 있는 책이 아닙니다. 1,500년에 걸쳐서 기록되었고, 66권으로 이루어져 있는 두꺼운 책입니다. 이야기와 시, 예언과 잠언, 묵시 문학 등 다양한 장르로 기록되었고, 한 번에 이해하기 어려운 본문도 많이 있습니다. 따라서 성경읽기에는 반드시 건강한 신학을 기반으로 하는 틀이 필요합니다.

《리딩지저스》는 온 교회가 신뢰하며 따라갈 수 있는 신학적 틀을 제공합니다. 100년에 가까운 기간 동안 성경에 계시된 그리스도를 붙들고 달려온 미국 웨스트민스터 신학교의 "구약성경과 그리스도", "신약성경과 그리스도" 강의가 그 내용의 토대가 되기 때문입니다. 《리딩지저스》가 안내하는 그리스도 중심 성경읽기는 다음과 같은 특징이 있습니다.

## 1

**성경 속 하나님의 큰 그림을 보여 줍니다**

《리딩지저스》는 하나님의 큰 뜻이 예수 그리스도를 통해 어떻게 이루어져 가는지를 보여 줍니다. 성경을 줄거리나 배경지식 위주로 읽거나 각 권의 주제와 쟁점에 초점을 맞춰 살피는 방식보다는, 복음의 발자취를 따라 창세기부터 요한계시록까지 성경 전체를 그리스도 중심으로 읽도록 안내하고, 삶에 적용 가능한 관점을 제공합니다.

## 2

**예배하는 마음으로 성경을 읽도록 돕습니다**

《리딩지저스》는 성경이 하나님의 영감으로 기록되었으며, 스스로 권위를 입증하는 말씀이라고 고백합니다. 이러한 신앙고백 위에서 성경이 기록된 원래 목적과 의미를 발견하여 성경 전체에서 예수 그리스도의 복음을 만나도록 돕습니다. 그 복음은 우리를 하나님께 영광을 돌리게 만들고, 이때 성경읽기는 하나님을 영화롭게 하는 예배가 됩니다.

3

**삶의 변화로 이어지는 성경의 핵심을 전합니다**

《리딩지저스》는 성경의 다양한 내용이 어떻게 하나의 이야기로 조화를 이루는지와 성경의 핵심 메시지와 어떻게 연결이 되는지를 보여 줍니다. 그리고 지금까지 많이 들어온 구약성경의 여러 인물과 이야기들이 어떻게 예수 그리스도를 향해 나아가는지와 어떻게 신약성경과 연결되는지를 안내합니다. 성경의 메시지를 선명히 알고 하나님의 뜻을 깨달을 때, 우리 삶은 진정으로 변화할 것입니다.

**《리딩지저스》 활용 예시**

**| 충현교회 choonghyunchurch.or.kr**

- 《리딩지저스》를 전 교인 성경통독에 활용
- 2022년 2,289명이 성경통독에 참여
- 주일 설교를 통독 일정과 연계하여 진행

---

**| 대구동신교회 ds-ch.org**

- 《리딩지저스》를 훈련교육과정인 성경통독반에 활용
- 2022년 1,300명이 성경통독반에 참여
- 기수별로 통독 참여자를 모집하여 진행

# 성경통독 활용하기

《리딩지저스》는 성경 전체를 그리스도 중심으로 읽기 원하는 사람은 누구나 쉽게 활용할 수 있습니다. 《리딩지저스》에서 제공하는 45주 성경통독 스케줄에 따라 매일 성경을 읽어 가며 《리딩지저스》 교재와 영상을 성경읽기 길잡이로 삼으세요. 《리딩지저스》를 활용하면 하루에 5장 남짓 성경을 읽으면서 특별한 주간이나 한 권의 교재가 끝날 때마다 한 주씩 쉬어 가더라도 일 년에 성경 일독이 가능합니다.

### 개인 활용법

그리스도 중심 성경읽기로 일 년에 성경 일독을 실천하고 성경을 정확하고 풍성하게 읽어 나가는 힘을 기를 수 있습니다.

### 공동체 함께 읽기

공동체가 소그룹으로 함께 모여 성경통독을 할 경우 더욱 풍성하고 효과적인 그리스도 중심 성경읽기를 할 수 있습니다.

### 전 교인 활용법

전 성도가 함께 그리스도 중심으로 일 년에 성경 일독을 할 수 있습니다.

**1**

**개인 활용법**

**통독 준비**

- 《리딩지저스》 교재를 준비합니다. 교재는 1권(창세기-여호수아)부터 준비하여 시작합니다. 먼저 '구약성경 개관'을 읽고 《리딩지저스》와 함께 그리스도 중심으로 성경을 읽는 것의 큰 그림을 이해합니다.

**주일**

- '이번 주 성경읽기표'를 확인합니다.
- 이번 주에 해당하는 리딩지저스 영상을 시청합니다. (약 10-13분 소요)
- 성경수업의 레슨 1-5를 읽습니다. (약 15-20분 소요)

**월요일—토요일**

- 매일에 해당하는 '성경읽기 해설'을 읽고 통독 길잡이로 삼습니다.
- 통독표에 따라 성경을 읽습니다.

**마무리**

- 3부 성경나눔의 '성경수업 돌아보기' 문제들을 풀어 봅니다.
- '나눔 질문'에 답을 하며, 한 주 동안 깨달은 은혜를 나의 삶에 어떻게 적용할지 생각해 봅니다.
- '기도로 함께 소망하며'와 '하나님을 향한 찬양'으로 마무리합니다.

2

공동체 함께 읽기

**소그룹 운영**

- 《리딩지저스》 교재와 영상을 활용하면 누구나 어렵지 않게 소그룹 리더로 섬길 수 있습니다. 적게는 3-4명, 많게는 10-12명으로 소그룹을 구성하고, 리더를 정합니다.

**주일**

- 담당 교역자가 공유하는 리딩지저스 영상 링크를 소그룹 단체 채팅에 공유합니다.

**월요일—토요일**

- 담당 교역자가 공유하는 그날의 '성경읽기 해설'을 소그룹 단체 채팅에 공유합니다.
- 해당 성경 본문을 다 읽고 '완독' 또는 '창세기 1-5장 다 읽었습니다'라고 메시지를 남깁니다.
- 성경을 읽고 느낀 은혜를 짧게 나눌 수 있습니다.

**모임**

- '성경수업 돌아보기' 문제(빈칸 채우기)를 함께 풀어 봅니다.
- '나눔 질문'을 읽고 서로 돌아가며 자신의 이야기를 나눕니다.
- '기도로 함께 소망하며'에 기도 제목을 적고 서로를 위해 기도합니다.
- '하나님을 향한 찬양'의 시편을 함께 읽고 마무리합니다.

3

**전 교인 활용법**

**목회 활용**

- 《리딩지저스》는 목회의 현장에서 다양하게 활용될 수 있습니다. 특별히 교재와 영상을 활용하며 전 교인 성경통독과 주일 예배 설교가 함께 나아갈 때 그 열매가 가장 풍성할 것입니다.

**새벽 설교**

- 1부 성경읽기는 '기본 읽기'와 '핵심 읽기'로 나뉩니다.
- '핵심 읽기'에서 본문을 선택하여 새벽 설교를 준비할 수 있습니다.

**주일 설교**

- 한 주간 읽은 성경 범위에서 주요 본문을 선택합니다.
- 교재를 참고하여 본문이 담고 있는 그리스도 중심의 핵심을 전달합니다.
- 《리딩지저스》 성경통독을 통해 본문의 문맥을 이해하고 있는 청중에게 메시지를 전달하는 효과가 있습니다.

**소그룹**

- 주일 오후, 리딩지저스 영상 링크를 소그룹 리더에게 공유합니다.
- 매일 오전, 성경읽기 해설을 소그룹 리더에게 공유합니다. (성경읽기 해설은 리딩지저스 웹사이트에서 다운로드 가능)
- 간단한 설문을 통해 완독률과 소감 등을 확인하고 나눌 수 있습니다.

그리스도 중심 성경읽기 리딩지저스의 독특함과 차별성

**웹사이트 readingjesus.net**

리딩지저스 웹사이트의 라이브러리를 통해 성경 읽기 해설과 교재 관련 자료들을 만날 수 있습니다.

**리딩지저스 영상 & 오디오 바이블**

스토리텔링 형식으로 구성한 **리딩지저스 영상**을 통해 교재의 성경수업 내용을 보다 쉽게 접근할 수 있습니다. 또한 45주 성경통독 일정에 맞추어 제작된 **오디오 바이블**을 통해 매일의 성경통독 분량을 부담 없이 완독할 수 있습니다.

**컨퍼런스**

리딩지저스 컨퍼런스는 그리스도 중심 성경읽기의 중요성을 확인하고 말씀으로 교회가 하나되는 구체적인 사례와 방법론을 제시합니다.

**인도자 세미나**

리딩지저스 인도자 세미나는 그리스도 중심 성경읽기의 중요성에 공감하여 《리딩지저스》 교재와 영상을 활용하고자 하는 목회자들을 돕기 위해 준비한 프로그램입니다. 1) 전 교인 성경통독, 2) 그리스도 중심 설교, 3) 소그룹 모임 운영을 할 수 있도록 안내합니다.

# 교재 활용법

《리딩지저스》는 성경을 매일 일정한 분량씩 읽는 **성경읽기**와 성경 각 권을 그리스도 중심으로 해설한 **성경수업**, 그리고 이 두 가지를 바탕으로 한 **성경나눔**으로 구성된 성경공부 교재입니다.

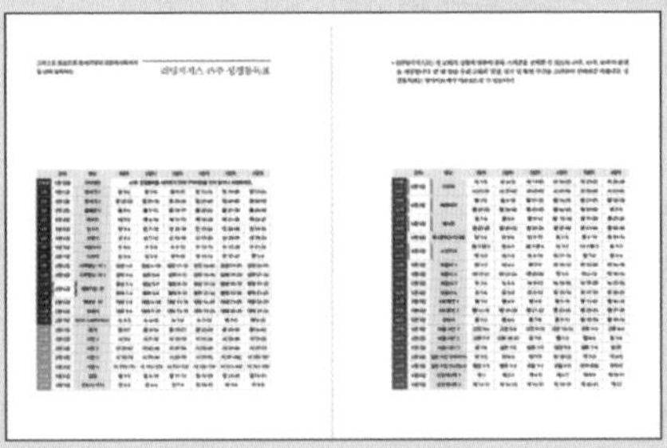

**리딩지저스 45주 성경통독표**

45주 플랜을 따라 그리스도 중심으로 창세기부터 요한계시록까지 일 년에 일독하는 성경통독표입니다. 45주 성경통독표는 웹사이트에서 다운로드할 수 있습니다.

**《리딩지저스》 5권 성경읽기 스케줄**

매일의 '기본 읽기' 분량과 핵심 주제를 안내하는 스케줄입니다. 5권은 7주 동안 마태복음부터 로마서까지 성경을 통독합니다.

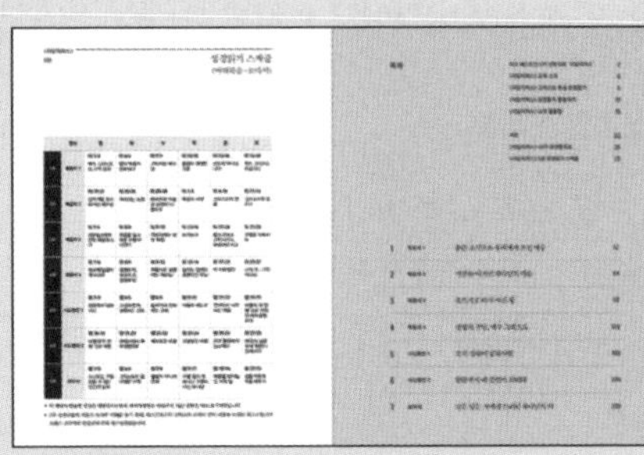

## 1부 성경읽기

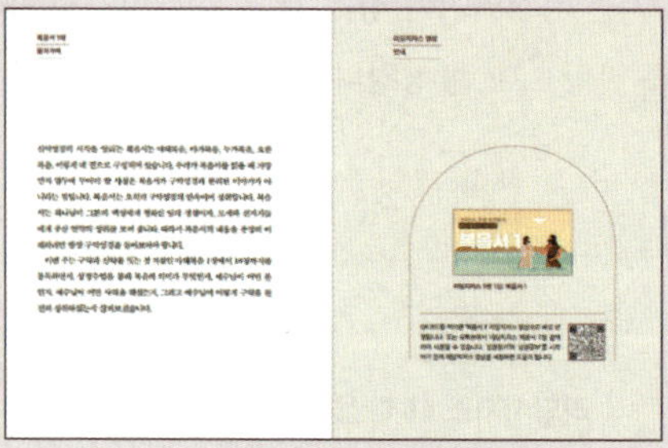

### 들어가며

이번 주의 1부 성경읽기 범위와 2부 성경수업의 내용을 소개합니다.

### 리딩지저스 영상 안내

이번 주의 리딩지저스 영상을 소개합니다. QR코드를 찍으면 해당 영상으로 연결됩니다.

### 이번 주 성경읽기 스케줄

이번 주의 성경읽기 스케줄을 보여 줍니다. '기본 읽기'와 '핵심 읽기' 중 한 가지를 선택하여 그 날의 성경 본문을 읽은 후, 빈칸에 '완독' 표시를 합니다.

### 성경읽기 해설

그 날 읽을 성경 본문의 내용을 요약한 해설입니다. 리딩지저스 웹사이트의 라이브러리에서도 다운로드할 수 있습니다.

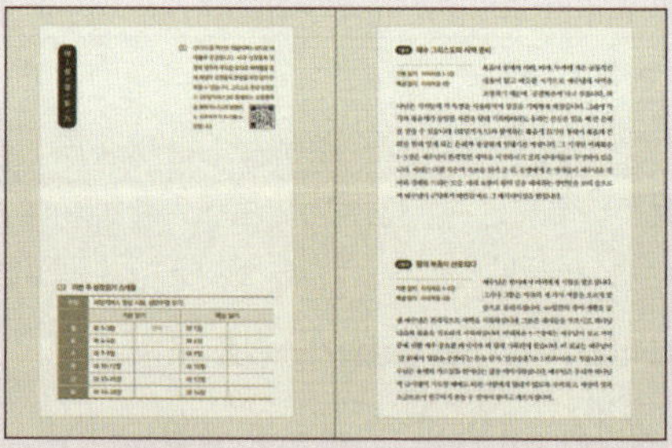

## 2부 성경수업

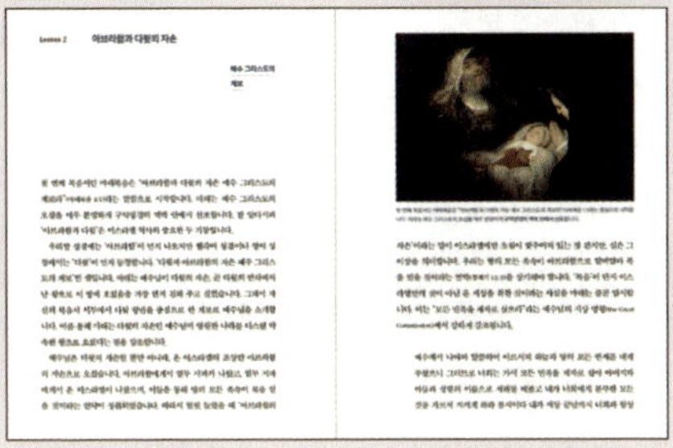

### Lesson

이번 주 성경읽기와 함께 읽을 성경수업 내용입니다. 각 레슨은 미국 웨스트민스터 신학교의 "구약성경과 그리스도", "신약성경과 그리스도" 강의를 한국 교회 성도의 눈높이에 맞추어 쉽고 알차게 재구성했습니다.

### 리딩지저스

'리딩지저스' 페이지는 성경수업에서 다룬 이야기가 어떻게 예수 그리스도를 향해 나아가는지, 그리고 그것이 성도의 삶에 어떤 의미를 부여하는지를 보여 줍니다.

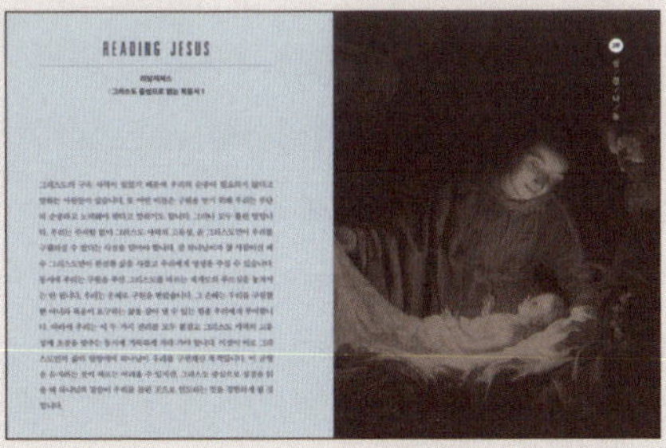

## 3부 성경나눔

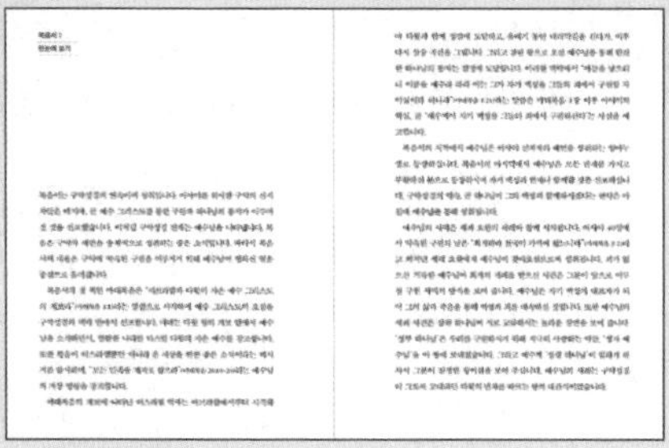

### 한눈에 보기

이번 주의 성경수업 내용을 한 눈에 볼 수 있도록 압축 요약하여 보여 줍니다. '한눈에 보기'를 읽으며 3부 성경나눔을 시작합니다.

### 성경수업 돌아보기

2부 성경수업에서 학습한 내용을 확인하는 빈칸 채우기 문제입니다. 오른쪽 페이지 하단의 정답을 참고합니다.

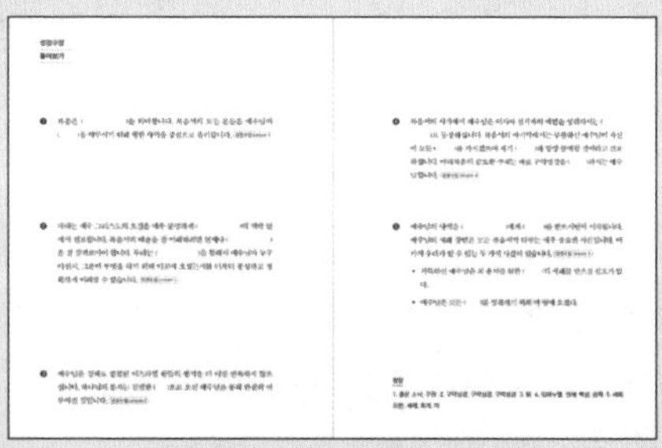

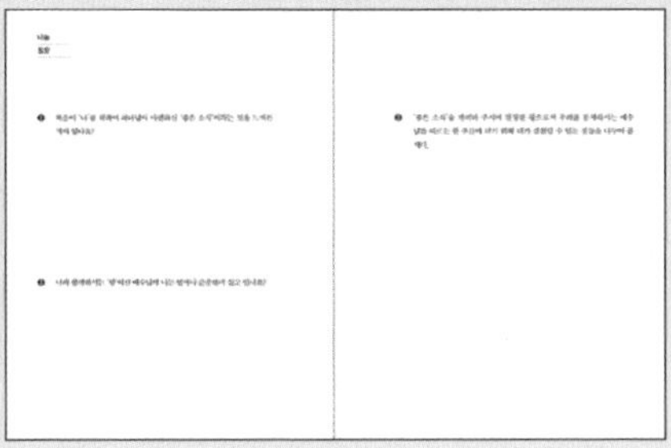

**나눔 질문**

이번 주 성경읽기와 성경수업을 통해 받은 은혜를 묵상하고 나눌 수 있는 나눔 질문입니다. 여백에 나의 이야기를 적으며, 성경통독 신앙 다이어리로 활용할 수 있습니다.

**기도로 함께 소망하며**

서로의 기도 제목을 나누고 함께 기도할 수 있도록 안내합니다. 성경통독 기도 수첩으로 활용할 수 있습니다.

**하나님을 향한 찬양**

하나님께 올려드리는 시편 찬양으로 한 주의 성경읽기, 성경수업, 성경나눔을 마무리합니다.

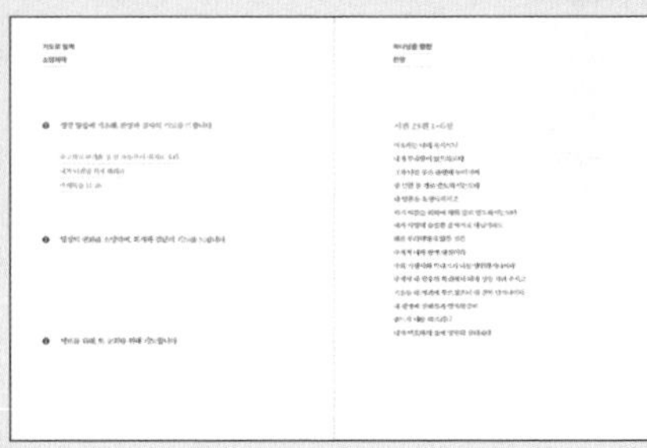

리딩지저스 5: 마태복음-로마서
우리를 찾아오신 하나님

2022년 4월 22일 초판 1쇄 발행
2025년 2월 17일 2판 6쇄 발행

지은이 브랜든 크로우
편역 웨스트민스터프레스코리아 편집부
펴낸이 줄리어스 김

웨스트민스터프레스코리아
주소 서울특별시 강남구 테헤란로33길 18, 628호
전화 02-2289-9081
이메일 readingjesus@wts.edu
등록 2020년 12월 23일

READING JESUS 5

그리스도 중심 성경읽기 리딩지저스

# READING JESUS 5

마태복음-로마서: 우리를 찾아오신 하나님

브랜든 크로우

READING JESUS

서문

# 예수 그리스도와 연합한 자의 삶

《리딩지저스》 5권은 복음서, 사도행전, 로마서를 다룹니다. 구약에서 예언된 예수 그리스도는 신약에서 온전히 드러납니다. 신약성경을 여는 복음서는 예수 그리스도의 말씀과 사역을 구체적으로 다루며 그분만이 진정한 왕이심을 증언합니다. 사도행전은 예수님의 죽음과 부활 그리고 승천 이후에 그리스도의 영이신 성령님과 제자들을 통해 복음이 전파되는 놀라운 일을 보여 줍니다. 로마서는 복음서와 사도행전에 나타난 복되고 위대한 소식, 곧 복음을 심도 깊게 설명합니다. 《리딩지저스》 5권에서 다루는 모든 책은 참된 왕이며 복음이신 예수 그리스도를 증언합니다.

신약성경은 구약성경의 연속입니다. 그리고 성경 전체는 예수 그리스도를 중심으로 구성되어 있습니다. 사복음서는 책마다 조금씩 차이가 있지만, 예수님의 탄생, 가르침, 사역, 죽음과 부활을 모두 다룹니다. 이 모든 일은 구약성경의 성취이며 하나님의 구원 계획 가운데 이루어집니다.

아담의 죄악으로 인해 상실된 하나님의 창조 질서, 인간의 아들됨과 왕권은 예수 그리스도를 통해 완전히 회복됩니다. 다윗의 자손으로 오신 예수님은 참된 왕으로서 하나님의 다스림을 이 땅에 가져오셨습니다. 그 예수님은 아브라함의 자손으로서 새 이스라엘, 곧 새로운 하나님 백성의 대표자가 되셨습니다. 또한 죄가 없으신 예수님은 요한의 세례를 받으심으로써 자신이 죄인을 위해 이 땅에 왔음을 가르치셨습니다. 예수님의 순종하심은 곧이어 십자가의 고난과 죽음으로 드러납니다. 하나님의 아들이신 예수님은 아담이 패배한 시험에서 승리하십니다. 그 승리는 예수님이 하나님의 말씀에 온전히 순종하심으로 성취되었습니다.

참된 왕이자 하나님의 아들로 이 땅에 오신 예수님의 가르침과 교훈은 특별히 '산상수훈'에 잘 드러나 있습니다. 예수님의 가르침의 집약판인 산상수훈은 그분의 백성인 우리가 해야 할 일과 행동을 가르쳐 줍니다. 나아가 산상수훈은 하나님의 백성인 우리의 정체성을 일깨워 줍니다. 우리는 하나님 백성으로서의 정체성을 깊이 이해할 때 비로소 어떻게 살아야 하는지를 깨달을 수 있습니다. 예수님은 하나님의 백성이 된 자들의 복을 여덟 가지로 말씀하시면서, 이 복들이 현재도 주어졌지만 미래에 완벽하게 성취될 것이라고 가르치십니다. 이 복들이 그리스도인의 정체성을 형성합니다. 이 복을 누리는 자들은 삶의 모든 영역에서 하나님께 영광을 돌려야 합니다. 또한 예수님처럼 기쁨과 소망으로 순종하며 살아가야 합니다. 산상수훈의 '팔복'은 그리스도인의 행동강령일 뿐만 아니라, 그리스도인의 정체성이 무엇인지를 보여 줍니다.

예수님의 삶과 가르침은 십자가와 부활에서 정점에 이릅니다. 예수님의 모든 사역과 말씀이 바로 이 지점, 곧 십자가와 부활에 집중되어 있다고 해도 과언이 아닙니다. 사실 예수님은 여러 가르침을 통해 자신이 당할 고난과 죽음과 부활을 예언하셨습니다. 그리고 빌립보 가이사랴에서 있었던 베드로의 고백 이후에는 이를 좀 더 밝히 드러내십니다. 예수님은 예루살렘에 입성하신 뒤 붙잡혀 고난을 당하다가 끝내 십자가에서 돌아가십니다. 죄 없는 어린 양으로서 인류의 죄를 대속하신 예수님은 구약의 모든 불완전한 제사를 완전히 성취하셨습니다. 그뿐만 아니라 십자가에서 죽으심으로써 모든 죄인을 하나님 앞으로 인도하셨습니다. 예수님이 돌아가실 때, 하나님과 우리 사이를 가리고 있던 성전 휘장이 둘로 찢어졌습니다. 죽음은 결코 예수님을 가둘 수 없었습니다. 하나님 아버지는 의로운 예수님을 부활로 이끄십니다. 부활은 사망에 대한 최종 승리이자 예수님에 대한 무죄 선언이며 하나님의 진정한 신원하심입니다.

부활하신 예수님은 승천하기 전, 제자들에게 성령님을 선물로 주십니다. 성령 하나님은 사도행전을 이끌어 가시는 주인공입니다. 그분은 더 이상 육체로 함께 계시지 않는 승천하신 예수님을 대신하여 하나님 나라를 확장해 가시는 '그리스도의 영'이십니다. 이 성령님은 연약한 제자들이 복음을 열방에 전파할 수 있도록 능력을 주십니다. 예루살렘과 유대로부터 시작된 그리스도의 복음은 바울과 그의 동료들의 사역을 통해 이방인들에게까지 전파됩니다. 성령님은 이 모든 과정에서 신실한 그리스도인들을 연단하고 사용하십니다. 복음이 전파되는 곳에는 언제나 그리스도인 공동체인 교회가 세워지고, 이 교회를 통해 예수님의 주되심이 선포됩니다.

《리딩지저스》 5권 마지막에 등장하는 로마서는 사도 바울이 심혈을 기울여 쓴 편지입니다. 로마서에는 복음에 대한 깊이 있는 통찰이 가득합니다. 특히 죄인인 우리의 본래 모습이 어떠한지 적나라하게 묘사되어 있습니다. 로마서에 나타난 하나님을 떠난 인생들의 소망 없는 모습은 그야말로 비극적입니다. 하지만 바울은 이 모든 것을 반전시키는 역사가 예수 그리스도를 통해 일어났다고 선언합니다. 예수 그리스도는 아담과 연합하여 죽음에 이르게 된 자들을 자신과의 연합으로 이끌어 불의한 자들에게 '의와 생명'을 선사하셨습니다. 로마서는 이렇게 새로운 생명을 얻게 된 사람들이 성령 안에서 어떻게 살아가야 하는지를 보여 줍니다. 그리스도인들은 이 세상을 본받지 않고 서로를 섬기되, 특히 공동체 안에서 약자를 배려하며 살아가야 합니다. 바울은 로마서를 통해 이러한 삶이 예수 그리스도와 연합하는 삶이라고 가르칩니다.

그리스도 중심으로 창세기부터 요한계시록까지
일 년에 일독하는

# 리딩지저스 45주 성경통독표

| | 교재 | 영상 | 1일차 | 2일차 | 3일차 | 4일차 | 5일차 | 6일차 |
|---|---|---|---|---|---|---|---|---|
| 인트로 | 1권 도입 | 구약개관 | 45주 성경통독을 시작하기 전에 구약개관을 먼저 읽거나 시청하세요. | | | | | |
| 1주 | 1권 1강 | 창세기 1 | 창 1-4 | 창 5-8 | 창 9-12 | 창 13-16 | 창 17-20 | 창 21-24 |
| 2주 | 1권 2강 | 창세기 2 | 창 25-28 | 창 29-32 | 창 33-36 | 창 37-40 | 창 41-45 | 창 46-50 |
| 3주 | 1권 3강 | 출애굽기 | 출 1-6 | 출 7-12 | 출 13-19 | 출 20-26 | 출 27-33 | 출 34-40 |
| 4주 | 1권 4강 | 레위기 | 레 1-5 | 레 6-10 | 레 11-15 | 레 16-20 | 레 21-25 | 레 26-27 |
| 5주 | 1권 5강 | 민수기 | 민 1-6 | 민 7-12 | 민 13-18 | 민 19-24 | 민 25-30 | 민 31-36 |
| 6주 | 1권 6강 | 신명기 | 신 1-6 | 신 7-12 | 신 13-18 | 신 19-24 | 신 25-29 | 신 30-34 |
| 7주 | 1권 7강 | 여호수아 | 수 1-4 | 수 5-8 | 수 9-12 | 수 13-16 | 수 17-20 | 수 21-24 |
| 8주 | 2권 1강 | 사사기 | 삿 1-4 | 삿 5-8 | 삿 9-12 | 삿 13-16 | 삿 17-21 | 룻 1-4 |
| 9주 | 2권 2강 | 사무엘상·하 1 | 삼상 1-5 | 삼상 6-10 | 삼상 11-15 | 삼상 16-20 | 삼상 21-25 | 삼상 26-31 |
| 10주 | 2권 3강 | 사무엘상·하 2 | 삼하 1-4 | 삼하 5-8 | 삼하 9-12 | 삼하 13-16 | 삼하 17-20 | 삼하 21-24 |
| 11주 | 2권 4강 | 열왕기상·하 | 왕상 1-4 | 왕상 5-7 | 왕상 8-10 | 왕상 11-14 | 왕상 15-18 | 왕상 19-22 |
| 12주 | | | 왕하 1-4 | 왕하 5-8 | 왕하 9-12 | 왕하 13-16 | 왕하 17-20 | 왕하 21-25 |
| 13주 | 2권 5강 | 역대상·하 | 대상 1-5 | 대상 6-10 | 대상 11-15 | 대상 16-20 | 대상 21-25 | 대상 26-29 |
| 14주 | 2권 6강 | 유배기 | 대하 1-6 | 대하 7-12 | 대하 13-18 | 대하 19-24 | 대하 25-30 | 대하 31-36 |
| 15주 | 2권 7강 | 에스라·느헤미야·에스더 | 스 1-5 | 스 6-10 | 느 1-6 | 느 7-13 | 에 1-5 | 에 6-10 |
| 16주 | 3권 1강 | 욥기 | 욥 1-7 | 욥 8-14 | 욥 15-21 | 욥 22-28 | 욥 29-35 | 욥 36-42 |
| 17주 | 3권 2강 | 시편 1 | 시 1-6 | 시 7-12 | 시 13-18 | 시 19-24 | 시 25-30 | 시 31-36 |
| 18주 | 3권 3강 | 시편 2 | 시 37-42 | 시 43-48 | 시 49-54 | 시 55-60 | 시 61-66 | 시 67-72 |
| 19주 | 3권 4강 | 시편 3 | 시 73-78 | 시 79-84 | 시 85-90 | 시 91-96 | 시 97-102 | 시 103-109 |
| 20주 | 3권 5강 | 시편 4 | 시 110-115 | 시 116-120 | 시 121-125 | 시 126-130 | 시 131-140 | 시 141-150 |
| 21주 | 3권 6강 | 잠언 | 잠 1-5 | 잠 6-10 | 잠 11-15 | 잠 16-20 | 잠 21-25 | 잠 26-31 |
| 22주 | 3권 7강 | 전도서·아가 | 전 1-3 | 전 4-6 | 전 7-9 | 전 10-12 | 아 1-4 | 아 5-8 |

• 《리딩지저스》는 개 교회의 상황에 맞추어 통독 스케줄을 선택할 수 있도록 45주의 플랜을 제공합니다. 한 해 동안 우리 교회의 일정, 절기 및 특별 주간을 고려하여 선택하길 바랍니다. 성경통독표는 웹사이트에서 다운로드할 수 있습니다.

| | 교재 | 영상 | 1일차 | 2일차 | 3일차 | 4일차 | 5일차 | 6일차 |
|---|---|---|---|---|---|---|---|---|
| 23주 | 4권 1강 | 이사야 | 사 1-5 | 사 6-10 | 사 11-15 | 사 16-20 | 사 21-25 | 사 26-30 |
| 24주 | | | 사 31-36 | 사 37-42 | 사 43-48 | 사 49-54 | 사 55-60 | 사 61-66 |
| 25주 | 4권 2강 | 예레미야 | 렘 1-5 | 렘 6-10 | 렘 11-15 | 렘 16-20 | 렘 21-25 | 렘 26-30 |
| 26주 | | | 렘 31-35 | 렘 36-40 | 렘 41-45 | 렘 46-50 | 렘 51-52 | 애 1-5 |
| 27주 | 4권 3강 | 에스겔 | 겔 1-4 | 겔 5-8 | 겔 9-12 | 겔 13-16 | 겔 17-20 | 겔 21-24 |
| 28주 | | | 겔 25-28 | 겔 29-32 | 겔 33-36 | 겔 37-40 | 겔 41-44 | 겔 45-48 |
| 29주 | 4권 4강 | 묵시문학과 다니엘 | 단 1-4 | 단 5-8 | 단 9-12 | 호 1-5 | 호 6-10 | 호 11-14 |
| 30주 | 4권 5강 | 소선지서 | 욜 1-암 3 | 암 4-9 | 옵 1-욘 4 | 미 1-7 | 나 1-합 3 | 습 1-3 |
| 31주 | | | 학 1-2 | 슥 1-5 | 슥 6-10 | 슥 11-14 | 말 1-2 | 말 3-4 |
| 32주 | 5권 1강 | 복음서 1 | 마 1-3 | 마 4-6 | 마 7-9 | 마 10-12 | 마 13-15 | 마 16-18 |
| 33주 | 5권 2강 | 복음서 2 | 마 19-21 | 마 22-24 | 마 25-28 | 막 1-5 | 막 6-10 | 막 11-16 |
| 34주 | 5권 3강 | 복음서 3 | 눅 1-4 | 눅 5-8 | 눅 9-12 | 눅 13-16 | 눅 17-20 | 눅 21-24 |
| 35주 | 5권 4강 | 복음서 4 | 요 1-4 | 요 5-8 | 요 9-12 | 요 13-16 | 요 17-19 | 요 20-21 |
| 36주 | 5권 5강 | 사도행전 1 | 행 1-3 | 행 4-5 | 행 6-8 | 행 9-10 | 행 11-13 | 행 14-15 |
| 37주 | 5권 6강 | 사도행전 2 | 행 16-18 | 행 19-20 | 행 21-22 | 행 23-24 | 행 25-26 | 행 27-28 |
| 38주 | 5권 7강 | 로마서 | 롬 1-3 | 롬 4-6 | 롬 7-8 | 롬 9-11 | 롬 12-14 | 롬 15-16 |
| 39주 | 6권 1강 | 바울 서신 1 | 고전 1-4 | 고전 5-8 | 고전 9-12 | 고전 13-16 | 고후 1-3 | 고후 4-6 |
| 40주 | 6권 2강 | 바울 서신 2 | 고후 7-9 | 고후 10-13 | 갈 1-6 | 엡 1-3 | 엡 4-6 | 빌 1-4 |
| 41주 | 6권 3강 | 바울 서신 3 | 골 1-4 | 살전 1-5 | 살후 1-3 | 딤전 1-6 | 딤후 1-4 | 딛-몬 |
| 42주 | 6권 4강 | 일반 서신 1(히브리서) | 히 1-3 | 히 4-6 | 히 7-9 | 히 10-13 | 약 1-3 | 약 4-5 |
| 43주 | 6권 5강 | 일반 서신 2(요한일서) | 벧전 1-5 | 벧후 1-3 | 요일 1-3 | 요일 4-5 | 요이-요삼 | 유다서 |
| 44주 | 6권 6강 | 요한계시록 1 | 계 1 | 계 2-3 | 계 4-5 | 계 6-7 | 계 8-9 | 계 10-11 |
| 45주 | 6권 7강 | 요한계시록 2 | 계 12-13 | 계 14-15 | 계 16-17 | 계 18-19 | 계 20-21 | 계 22 |

# 성경읽기 스케줄
## (마태복음-로마서)

| | 영상 | 월 | 화 | 수 | 목 | 금 | 토 |
|---|---|---|---|---|---|---|---|
| 1주 | 복음서 1 | 마 1-3<br>예수 그리스도의 사역 준비 | 마 4-6<br>왕의 복음이 선포되다 | 마 7-9<br>고치시는 예수님 | 마 10-12<br>율법이 예언한 그분 | 마 13-15<br>선포된 하나님 나라 | 마 16-18<br>주는 그리스도이십니다 |
| 2주 | 복음서 2 | 마 19-21<br>십자가를 준비하시는 예수님 | 마 22-24<br>계속되는 논쟁 | 마 25-28<br>아버지와 아들과 성령의 이름으로 | 막 1-5<br>복음의 시작 | 막 6-10<br>그리스도의 영광 | 막 11-16<br>그리스도의 십자가 |
| 3주 | 복음서 3 | 눅 1-4<br>데오빌로에게 전한 복음의 소식 | 눅 5-8<br>복음을 듣고 따른 자들의 이야기 | 눅 9-12<br>전파되어야 하는 복음 | 눅 13-16<br>회개하라 | 눅 17-20<br>품으시거나, 고치시거나, 꾸짖으시거나 | 눅 21-24<br>구원을 이루시다 |
| 4주 | 복음서 4 | 요 1-4<br>태초에 말씀이 계시니라 | 요 5-8<br>생명의 떡, 생수의 강, 생명의 빛 | 요 9-12<br>부활이요 생명이신 예수님 | 요 13-16<br>길이요 진리요 생명이신 주님 | 요 17-19<br>다 이루었다 | 요 20-21<br>나의 주, 나의 하나님 |
| 5주 | 사도행전 1 | 행 1-3<br>성령께서 임하시다 | 행 4-5<br>고난과 함께 성장하는 교회 | 행 6-8<br>흩어지나 전파하는 교회 | 행 9-10<br>사울과 베드로 | 행 11-13<br>전파되기 시작하는 복음 | 행 14-15<br>바울의 첫 번째 선교 여행과 예루살렘 회의 |
| 6주 | 사도행전 2 | 행 16-18<br>바울의 두 번째 선교 여행 | 행 19-20<br>에베소에서 예루살렘으로 | 행 21-22<br>체포당한 바울 | 행 23-24<br>고발당한 바울 | 행 25-26<br>로마 황제에게 상소하다 | 행 27-28<br>제국의 심장부에 복음이 전파되다 |
| 7주 | 로마서 | 롬 1-3<br>스스로는 구원받을 수 없는 인간의 상태 | 롬 4-6<br>그리스도로 말미암은 구원 | 롬 7-8<br>율법이 아니라 은혜 | 롬 9-11<br>차별 없이 부르시고 구원하시는 하나님 | 롬 12-14<br>복음을 받아들인 자의 삶 | 롬 15-16<br>선을 이루고 덕을 세우기 |

- 이 책에서 인용한 성경은 대한성서공회의 개역개정판을 따랐으며, 다른 판본은 따로 표기하였습니다.
- 2부 성경수업의 내용은 독자의 이해를 돕기 위해, 웨스트민스터 신학교의 로마서 강의 내용을 토대로 웨스트민스터 프레스 코리아의 편집진에 의해 재구성되었습니다.

# 목차

# 1

# 복음서 1

**성경읽기** 마태복음 1-18장

**성경수업** 좋은 소식으로 우리에게 오신 예수

**성경나눔**

## 복음서 1에 들어가며

신약성경의 시작을 알리는 복음서는 마태복음, 마가복음, 누가복음, 요한복음, 이렇게 네 권으로 구성되어 있습니다. 우리가 복음서를 읽을 때 가장 먼저 염두에 두어야 할 사실은 복음서가 구약성경과 분리된 이야기가 아니라는 점입니다. 복음서는 오히려 구약성경의 연속이며 성취입니다. 복음서는 하나님이 그분의 백성에게 행하신 일의 정점이자, 모세와 선지자들에게 주신 언약의 성취를 보여 줍니다. 따라서 복음서의 내용을 풍성히 이해하려면 항상 구약성경을 돌아보아야 합니다.

이번 주는 구약과 신약을 잇는 첫 지점인 마태복음 1장에서 18장까지를 통독하면서, 성경수업을 통해 복음의 의미가 무엇인지, 예수님이 어떤 분인지, 예수님이 어떤 사역을 하셨는지, 그리고 예수님이 어떻게 구약을 완전히 성취하셨는지 살펴보겠습니다.

## 리딩지저스 영상 안내

리딩지저스 5권 1강: 복음서 1

QR코드를 찍으면 '복음서 1' 리딩지저스 영상으로 바로 연결됩니다. 또는 유튜브에서 '리딩지저스 복음서 1'을 검색하여 시청할 수 있습니다. '성경읽기'와 '성경공부'를 시작하기 전에 리딩지저스 영상을 시청하면 도움이 됩니다.

1부 — 성/경/읽/기

QR코드를 찍으면 **리딩지저스 오디오 바이블**로 연결됩니다. 45주 성경통독 일정에 맞추어 제작된 **오디오 바이블**을 통해 매일의 성경통독 분량을 부담 없이 완독할 수 있습니다. 그리스도 중심 성경읽기 《리딩지저스》와 함께하는 성경통독을 통해 하나님과 동행하는 하루하루가 되기를 소망합니다.

## 이번 주 성경읽기 스케줄

| 주일 | 리딩지저스 영상 시청, 성경수업 읽기 | | | |
|---|---|---|---|---|
| | 기본 읽기 | | 핵심 읽기 | |
| 월 | 마 1-3장 | 완독 | 마 1장 | |
| 화 | 마 4-6장 | | 마 6장 | |
| 수 | 마 7-9장 | | 마 9장 | |
| 목 | 마 10-12장 | | 마 10장 | |
| 금 | 마 13-15장 | | 마 13장 | |
| 토 | 마 16-18장 | | 마 16장 | |

### 1일차 예수 그리스도의 사역 준비

**기본 읽기** 마태복음 1-3장
**핵심 읽기** 마태복음 1장

복음서 중에서 마태, 마가, 누가의 책은 공통적인 내용이 많고 비슷한 시각으로 예수님의 사역을 조명하기 때문에 '공관복음서'라고 부릅니다. 하나님은 저자들의 각 특성을 사용하셔서 성경을 기록하게 하셨습니다. 그래서 각각의 복음서가 동일한 사건을 달리 기록하더라도 우리는 본문을 읽을 때 큰 은혜를 받을 수 있습니다.《리딩지저스》와 함께하는 복음서 읽기를 통하여 복음의 진리를 밝히 알게 되는 은혜가 풍성하게 임하기를 바랍니다. 그 시작인 마태복음 1-3장은 예수님이 본격적인 사역을 시작하시기 전의 이야기들로 구성되어 있습니다. 마태는 다윗 자손의 족보를 읽어 준 뒤, 동방에서 온 박사들이 예수님을 찾아와 경배를 드리는 모습, 세례 요한이 왕의 길을 예비하는 장면들을 보여 줌으로써 예수님이 구약에서 예언된 바로 그 메시아이심을 밝힙니다.

### 2일차 왕의 복음이 선포되다

**기본 읽기** 마태복음 4-6장
**핵심 읽기** 마태복음 6장

예수님은 광야에서 마귀에게 시험을 받으십니다. 그러나 그분은 마귀의 세 가지 시험을 오로지 말씀으로 물리치십니다. 40일간의 광야 생활을 끝낸 예수님은 본격적으로 사역을 시작하십니다. 그분은 제자들을 부르시고, 하나님 나라의 복음을 선포하기 시작하십니다. 마태복음 5-7장에는 예수님이 설교 사역 중에 전한 매우 중요한 메시지가 꽤 길게 기록되어 있습니다. 이 설교는 예수님이 '산 위에서 말씀을 주셨다'는 뜻을 담아 '산상수훈'(山上垂訓)이라고 부릅니다. 예수님은 율법의 가르침을 뛰어넘는 삶을 이야기하십니다. 예수님은 우리가 하나님께 금식하며 기도할 때에도 다른 사람에게 알리지 않도록 주의하고, 세상의 빛과 소금으로서 원수마저 품을 수 있어야 한다고 가르치십니다.

## 3일차 고치시는 예수님

**기본 읽기** 마태복음 7-9장
**핵심 읽기** 마태복음 9장

산상수훈은 말씀을 듣고 행하라는 뜻을 담아 '반석 위에 지은 집' 비유로 마무리됩니다. 서기관들과는 다른 예수님의 권위 있는 가르침에 사람들은 놀랍니다. 말씀을 마치시고 산에서 내려오신 예수님은 주로 치유 사역을 하셨고, 이에 수많은 사람들이 그분을 따릅니다. 예수님은 나병환자를 고치시고, 가버나움에서는 백부장의 부탁을 받아 중풍으로 괴로워하는 그의 하인을 고치십니다. 특히 한 중풍병자를 고치시는 사역(9장)에서 예수님은 죄 사함의 권능이 자신에게 있음을 보이시며 예수님의 치유가 단순히 육체적 치유에 머무는 것이 아님을 말씀하십니다. 예수님은 이러한 사역을 하시면서 제자들을 부르셨고, 세리 마태가 이 부르심에 응답합니다.

## 4일차 율법이 예언한 그분

**기본 읽기** 마태복음 10-12장
**핵심 읽기** 마태복음 10장

10장에서 예수님은 열두 명의 제자를 세우십니다. 이들은 이스라엘 곳곳을 두루 다니며 복음을 전하게 됩니다. 제자들에게 예수님은 복음을 전하는 일이 쉽지 않을 것이라고 말씀하십니다. 이들은 총독들과 임금들 앞에 끌려가기도 하고, 모든 사람에게 미움을 받기도 할 것입니다. 이에 대해 예수님은 제자들이 진정 두려워해야 하는 존재는 세상의 권세자들이 아니라, "몸과 영혼을 능히 지옥에 멸하실 수 있는 이"(마태복음 10:28)뿐이라고 경고하십니다. 그러나 예수님의 말씀에 부정적으로 반응하는 사람들도 있었습니다. 바리새인들은 예수님이 율법을 거스른다고 판단하여 예수님께 거칠게 항의합니다.

## 5일차 선포된 하나님 나라

**기본 읽기** 마태복음 13-15장
**핵심 읽기** 마태복음 13장

마태복음 13장은 '비유 장'으로 불리는데, 이는 예수님이 하나님 나라에 대하여 알기 쉬운 비유를 들어 설명하셨기 때문입니다. 예수님은 흔히 '오병이어'(빵 다섯 개와 물고기 두 마리)라고 불리는 기적으로 사람들을 먹이셨으며, 또한 물 위를 걸으시고 병자들을 고치시는 등 여러 기적을 행하심으로써 자신이 메시아임을 증명하십니다. 그럼에도 불구하고 바리새인들과 서기관들은 "왜 유대인들의 전통을 지키지 않느냐"며 예수님께 따져 묻습니다. 이후 성경은 한 가나안 여인이 예수님께 은혜를 입는 모습에 잠시 주목합니다. 이처럼 이방인에게도 복음이 전해지지만, 유대인들은 이 사실을 받아들이지 못합니다. 이를 통해 "귀 있는 자는 들으라" 하시는 예수님의 말씀이 우리에게 더 명확히 들려오게 됩니다.

## 6일차 주는 그리스도이십니다

**기본 읽기** 마태복음 16-18장
**핵심 읽기** 마태복음 16장

가이사랴 빌립보에서 예수님은 "사람들이 인자를 누구라 하느냐"라고 제자들에게 물으십니다. 베드로는 "주는 그리스도시요 살아 계신 하나님의 아들이시니이다"(마태복음 16:16)라고 대답하며 자신의 신앙을 고백합니다. 곧이어 예수님은 자신이 장차 당할 고난을 이야기하시는데 베드로는 예수님의 이 말씀을 전혀 이해하지 못합니다. 이 사건 이후 예수님은 자신이 겪을 고난과 부활을 본격적으로 언급하기 시작하시고, 자신의 영광을 제자들에게 직접 보여 주시기도 합니다. 예수님은 제자들이 앞으로 살아가야 할 모습을 말씀으로 가르치십니다.

# 2부

# 성경 수업

# 좋은 소식으로 우리에게 오신 예수

또 유대 땅 베들레헴아
너는 유대 고을 중에서
가장 작지 아니하도다
네게서 한 다스리는 자가 나와서
내 백성 이스라엘의 목자가 되리라
하였음이니이다

마태복음 2장 6절

## Lesson 1 하나님이 통치하신다

### 복음, 좋은 소식

'복음'이라는 단어는 우리에게 매우 익숙합니다. '좋은 소식'(Good News)을 뜻하는 복음은 구약성경과 연결하여 살펴볼 때 더욱 그 의미를 풍성하고 새롭게 이해할 수 있습니다. 구약성경은 복음을 '하나님의 다스림'이라는 개념으로 설명합니다. 대표적으로 이사야는 이렇게 말합니다.

> 좋은 소식을 전하며 평화를 공포하며 복된 좋은 소식을 가져오며 구원을 공포하며 시온을 향하여 이르기를 네 하나님이 통치하신다 하는 자의 산을 넘는 발이 어찌 그리 아름다운가(이사야 52:7)

이 말씀을 자세히 살펴보면, 좋은 소식은 '하나님의 통치'와 긴밀히 연관되어 있습니다. '좋은 소식'이란 평화를 알리는 소식, 구원이 이르렀다는 소식, 하나님이 통치하신다는 소식입니다. 이 모든 요소가 어우러져 복음이라는 하나의 그림을 만듭니다. 위의 성경 구절 외에도 여러 곳에서 동일한 내용을 찾아볼 수 있습니다(이사야 40:9; 41:27; 42:7; 60:6; 61:1).

다시 복음서로 돌아가 봅시다. 마가복음의 시작은 이렇습니다. "하나님의 아들 예수 그리스도의 복음의 시작이라"(마가복음 1:1). 여기서 '예수 그리스도의 복음'의 의미를 이사야 52장 7절과 함께 살펴보면, 예수 그리스도에 대한 초점과 하나님이 다스리신다는 의미가 한데 어우러집니다. 이 땅에 오신 예수님의 말씀과 사역이 곧 하나님의 다스림을 드러낸다는 뜻입니다. 이처럼 복음은 이사야와 여러 선지자를 통해 장차 오신다고 약속된 기름 부음 받은 메시아에 대한 이야기입니다. 따라서 예수 그리스도를 통해 참된 평화와 구원, 하나님의 통치가 선포되는 좋은 소식이 바로 복음입니다.

복음서의 모든 본문은 예수님이 구원을 이루시기 위해 행한 사역을 중심으로 흘러갑니다. 이는 예수님이 이야기의 표면에 드러나지 않으실 때도 마찬가지입니다. 우리는 복음서를 읽을 때 어떻게 예수 그리스도를 중심으로 이야기가 흘러가는지, 그분과 다른 인물 사이의 갈등이 어떻게 전개되는지, 또한 그분을 통해 하나님의 주권과 구원이 어떻게 펼쳐지는지에 집중해야 합니다.

## Lesson 2 아브라함과 다윗의 자손

### 예수 그리스도의 계보

첫 번째 복음서인 마태복음은 "아브라함과 다윗의 자손 예수 그리스도의 계보라"(마태복음 1:1)라는 말씀으로 시작합니다. 마태는 예수 그리스도의 오심을 매우 분명하게 구약성경의 맥락 안에서 선포합니다. 잘 알다시피 '아브라함과 다윗'은 이스라엘 역사의 중요한 두 기둥입니다.

우리말 성경에는 '아브라함'이 먼저 나오지만 헬라어 성경이나 영어 성경에서는 '다윗'이 먼저 등장합니다. '다윗과 아브라함의 자손 예수 그리스도의 계보'인 셈입니다. 마태는 예수님이 다윗의 자손, 곧 다윗의 반차에서 난 왕으로 이 땅에 오셨음을 가장 먼저 전해 주고 싶었습니다. 그래서 자신의 복음서 서두에서 다윗 왕권을 중심으로 한 계보로 예수님을 소개합니다. 이를 통해 마태는 다윗의 자손인 예수님이 영원한 나라를 다스릴 약속된 왕으로 오셨다는 점을 강조합니다.

예수님은 다윗의 자손일 뿐만 아니라, 온 이스라엘의 조상인 아브라함의 자손으로 오셨습니다. 아브라함에게서 열두 지파가 나왔고, 열두 지파에게서 온 이스라엘이 나왔으며, 이들을 통해 땅의 모든 족속이 복을 얻을 것이라는 언약이 성취되었습니다. 따라서 얼핏 들었을 때 '아브라함의

첫 번째 복음서인 마태복음은 "아브라함과 다윗의 자손 예수 그리스도의 계보라"(마태복음 1:1)라는 말씀으로 시작합니다. 마태는 예수 그리스도의 오심을 매우 분명하게 **구약성경의 맥락 안에서 선포**합니다.

자손'이라는 말이 이스라엘에만 초점이 맞추어져 있는 것 같지만, 실은 그 이상을 의미합니다. 우리는 땅의 모든 족속이 아브라함으로 말미암아 복을 얻을 것이라는 언약(창세기 12:3)을 상기해야 합니다. '복음'이 단지 이스라엘만의 것이 아닌 온 세상을 위한 것이라는 사실을 마태는 줄곧 암시합니다. 이는 "모든 민족을 제자로 삼으라"라는 예수님의 지상 명령(the Great Commission)에서 강하게 강조됩니다.

> 예수께서 나아와 말씀하여 이르시되 하늘과 땅의 모든 권세를 내게 주셨으니 그러므로 너희는 가서 모든 민족을 제자로 삼아 아버지와 아들과 성령의 이름으로 세례를 베풀고 내가 너희에게 분부한 모든 것을 가르쳐 지키게 하라 볼지어다 내가 세상 끝날까지 너희와 항상

함께 있으리라 하시니라(마태복음 28:18-20)

마태복음의 첫 구절만 보아도 복음서의 내용이 진공 상태에서 비롯한 완전히 새로운 것이 아니라는 사실을 알 수 있습니다. 복음서의 내용을 제대로 이해하려면 언제나 구약성경을 잘 살펴보아야 합니다. 우리는 구약성경을 통해서 예수님이 누구이신지, 그분이 무엇을 하기 위해 이곳에 오셨는지를 더욱더 풍성하고 정확하게 이해할 수 있습니다.

# Lesson 3 백성을 죄에서 구원할 왕

## 이스라엘 역사와 구약의 성취

마태복음의 계보는 단순히 나열된 이름 목록이 아닙니다. 이 계보에는 다윗과 아브라함 외에도 여러 인물이 등장하는데, 우리는 이 이름들을 통해 이스라엘의 역사를 볼 수 있습니다.

아브라함으로부터 시작한 이스라엘은 다윗을 통해 위대한 나라가 됩니다. 그러나 이스라엘 왕국은 곧 분열됩니다. 하나님 백성은 바벨론으로 사로잡혀 가는 최악의 상황을 맞이합니다. 성전은 파괴되고 백성은 노예로 잡혀갑니다. 다윗 왕가도 소망 없는 위기에 처합니다. 유배기 이후 새롭게 세워진 다윗 가문의 왕들을 통해 이스라엘은 잠시 소망을 맛보기도 하지만, 구약의 선지자들이 선포했던 소망은 온전히 성취되지 않습니다. 이러한 상황 가운데 이스라엘이 기대할 수 있는 것은 오직 장차 오실 왕이었습니다. 그 왕은 바로 다윗의 자손 예수 그리스도이십니다.

마태복음의 계보에서 드러난 이스라엘의 역사는 아브라함에서 시작하여 다윗과 함께 정점에 도달하고, 유배기에서 내리막길을 걷습니다. 그리고 유배기 이후에 상승세를 타다가 예수님 안에서 절정에 도달합니다. 예수님은 실패로 점철된 이스라엘 왕들의 행적을 더 이상 반복하지 않으십니다. 하나님의 통치는 이 계보 이후에 이어지는 이야기와 진정한 왕으로 오신 예수님을 통해 완전히 이루어질 것입니다. 이러한 맥락 가운데 마태복음 1장 이후에 어떤 이야기가 펼쳐질지 그 핵심을 보여 주는 구절이 있습니다.

> 아들을 낳으리니 이름을 예수라 하라 이는 그가 자기 백성을 그들의 죄에서 구원할 자이심이라 하니라(마태복음 1:21)

조금 더 넓은 관점에서 볼 때 이 구절은 사복음서 전체에 대한 요약입니다. 사복음서 전체 이야기의 초점인 '예수께서 자기 백성을 그들의 죄에서 구원하신다'는 메시지를 예고하는 것이죠. 하나님이 예수님을 통해 시작하실 일들은 기나긴 구약성경 역사의 성취입니다. 구약의 성취는 모든 복음서에서 표현되지만, 특별히 마태복음에서 더 강하게 드러납니다.

# 하나님이 우리와 함께 계시다

## 성취 인용구

'성취 인용구'란 현재 일어난 사건이 구약 선지자의 예언을 성취한 것이라고 말하는 구절을 가리킵니다. 마태복음에서 성취 인용구는 열 군데 정도 등장합니다. 마태복음의 성취 인용구는 처음 몇 장에 집중적으로 나오는데, 이는 복음서의 내용을 이해할 수 있는 배경을 제공합니다. 예수님은 구원을 이루기 위해 여러 방식으로 구약성경의 말씀을 성취하십니다.

이사야 7장 14절은 "그러므로 주께서 친히 징조를 너희에게 주실 것이라. 보라 처녀가 잉태하여 아들을 낳을 것이요 그의 이름을 임마누엘이라 하리라"라고 말씀하시는데, 이 구절이 마태복음의 첫 성취 인용구로 등장합니다. 마태복음 1장 22절 이하에서는 바로 이 말씀이 예수님을 통해 성취되었음을 보여 줍니다. 곧 예수님이 그의 백성과 함께하시는 '임마누엘의 하나님'으로 우리에게 오셨다는 것을 선포합니다.

흥미로운 것은 마태가 그의 복음서를 마치는 방법입니다. "볼지어다 내가 세상 끝날까지 너희와 항상 함께 있으리라"(마태복음 28:20). 복음서의 시작에서 예수님은 이사야 선지자의 예언을 성취하는 임마누엘로 등장하십니다. 복음서의 마지막에서 예수님은 모든 권세를 가지고 부활하신 분으로 등장하시며 자기 백성과 항상 함께할 것을 선포하십니다. 이처럼 마태복음의 중요한 주제는 바로 구약성경을 성취하시는 예수님입니다. 특별히 예수님은 자신의 백성과 함께하시겠다는 하나님의 언약을 성취하셨습니다.

# Lesson 5　이는 내 사랑하는 아들이요

## 예수님의 세례

예수님의 사역은 세례 요한에게 세례를 받으시면서 시작됩니다. 예수님의 세례 장면은 모든 복음서가 다루는 매우 중요한 사건입니다. 세례 요한은 구약을 대표하는 선지자인 엘리야를 떠올리는 복장을 하고 등장합니다. 구약성경의 마지막 책 말라기가 어떻게 끝났는지 기억한다면, 세례 요한이 구약과 신약을 연결하는 중요한 인물이라는 사실을 알 수 있습니다.

> 보라 여호와의 크고 두려운 날이 이르기 전에 내가 선지자 엘리야를 너희에게 보내리니(말라기 4:5)

유대 광야에서 "회개하라 천국이 가까이 왔느니라"(마태복음 3:1)라고 외치던 세례 요한의 사역은 "주의 길을 준비하는"(마태복음 3:3) 일로 묘사됩니다. 이는 이사야 40장에서 약속됐던 구원의 날이 예수님이 광야에 있는 세례 요한에게 오신 사건으로 성취되었음을 암시합니다.

예수님이 세례 요한에게 나아오실 때 세례 요한은 죄 용서를 위한 회개의 세례를 베풀고 있었습니다. 자신에게 나아오는 예수님을 보고 세례 요한

**예수님의 세례**는 구약성경이 그토록 고대하던 **다윗의 반차를 따른 왕의 대관식**이었습니다.

은 놀라서 말합니다. "어찌 제게 세례를 받고자 오십니까? 제가 당신께 세례를 받아야 합니다." 그러자 예수님은 "이제 허락하라 우리가 이와 같이 하여 모든 의를 이루는 것이 합당하니라"(마태복음 3:15)라고 대답하십니다.

여기서 우리가 알 수 있는 두 가지 사실이 있습니다. 첫째, 거룩하신 예수님은 죄 용서를 위한 회개의 세례를 받으실 필요가 없다는 점과 둘째, 예수님이 모든 의를 성취하기 위해 오신 분이라는 점입니다. 거룩하고 죄가 없으신 예수님이 회개의 세례를 받으신 것은 곧 그분이 앞으로 이루실 구원 사역의 방식을 보여 줍니다. 예수님은 자기 백성의 대표자가 되셔서 그의 삶과 죽음으로 그들의 죄를 대속하실 것입니다. 또한 그분은 우리의 대표자로서 순종하실 것이며 승리하실 것입니다.

본문에서 놀라운 또 하나의 장면은 서로 교류하시는 삼위 하나님의 모습입니다. '성자 예수님'이 세례를 받으실 때 하늘이 열리고, '성령 하나님'이 비둘기같이 예수님 위에 내려와 임하십니다. 그때 '성부 하나님'이 말씀하십니다. "이는 내 사랑하는 아들이요 내 기뻐하는 자라"(마태복음 3:17). 성부 하나님은 성자 예수님을 자신의 사랑하는 아들이라고 증언하십니다. 지극히 사랑하는 자신의 아들을 우리를 위하여 이 땅에 보내신 것입니다. 그리고 구약에서 왕들을 세울 때 기름을 부은 것처럼, 세례 가운데 성령이 임하게 하셔서 예수님의 왕 되심을 보여 주십니다. 예수님의 세례는 구약 성경이 그토록 고대하던 다윗의 반차를 따른 왕의 대관식이었습니다.

# READING JESUS

**리딩지저스**

**: 그리스도 중심으로 읽는 복음서 1**

그리스도의 구속 사역이 있었기 때문에 우리의 순종이 필요하지 않다고 말하는 사람들이 있습니다. 또 어떤 이들은 구원을 얻기 위해 우리는 부단히 순종하고 노력해야 한다고 말하기도 합니다. 그러나 모두 틀린 말입니다. 우리는 주저함 없이 그리스도 사역의 고유성, 곧 그리스도만이 우리를 구원하실 수 있다는 사실을 믿어야 합니다. 참 하나님이자 참 사람이신 예수 그리스도만이 완전한 삶을 사셨고 우리에게 영생을 주실 수 있습니다. 동시에 우리는 구원을 주신 그리스도를 따르는 제자도의 부르심을 놓쳐서는 안 됩니다. 우리는 은혜로 구원을 받았습니다. 그 은혜는 우리를 구원할 뿐 아니라 복음이 요구하는 삶을 살아 낼 수 있는 힘을 우리에게 부여합니다. 따라서 우리는 이 두 가지 진리를 모두 붙잡고 그리스도 사역의 고유성에 초점을 맞추는 동시에 거룩하게 자라 가야 합니다. 이것이 바로 그리스도인의 삶의 방향이며 하나님이 우리를 구원하신 목적입니다. 이 균형을 유지하는 것이 때로는 어려울 수 있지만, 그리스도 중심으로 성경을 읽을 때 하나님의 말씀이 우리를 참된 곳으로 인도하는 것을 경험하게 될 것입니다.

# 3부 성경 나눔

## 복음서 1

## 한눈에 보기

복음서는 구약성경의 연속이며 성취입니다. 이사야를 위시한 구약의 선지자들은 메시아, 곧 예수 그리스도를 통한 구원과 하나님의 통치가 이루어질 것을 선포했습니다. 이처럼 구약성경 전체는 예수님을 나타냅니다. 복음은 구약의 예언을 총체적으로 성취하는 좋은 소식입니다. 따라서 복음서의 내용은 구약에 약속된 구원을 이루시기 위해 예수님이 행하신 일을 중심으로 흘러갑니다.

복음서의 첫 책인 마태복음은 "아브라함과 다윗의 자손 예수 그리스도의 계보라"(마태복음 1:1)라는 말씀으로 시작하며 예수 그리스도의 오심을 구약성경의 맥락 안에서 선포합니다. 마태는 다윗 왕의 계보 안에서 예수님을 소개하면서, 영원한 나라를 다스릴 다윗의 자손 예수를 강조합니다. 또한 복음이 이스라엘뿐만 아니라 온 세상을 위한 좋은 소식이라는 메시지를 암시하며, "모든 민족을 제자로 삼으라"(마태복음 28:18-20)라는 예수님의 지상 명령을 강조합니다.

마태복음의 계보에 나타난 이스라엘 역사는 아브라함에서부터 시작하여 다윗과 함께 정점에 도달하고, 유배기 동안 내리막길을 걷다가, 이후 다시 상승 곡선을 그립니다. 그리고 참된 왕으로 오신 예수님을 통해 완전한 하나님의 통치는 절정에 도달합니다. 이러한 맥락에서 "아들을 낳으리니 이름을 예수라 하라 이는 그가 자기 백성을 그들의 죄에서 구원할 자이심이라 하니라"(마태복음 1:21)라는 말씀은 마태복음 1장 이후 이야기의 핵심, 곧 '예수께서 자기 백성을 그들의 죄에서 구원하신다'는 사실을 예고합니다.

복음서의 시작에서 예수님은 이사야 선지자의 예언을 성취하는 임마누엘로 등장하십니다. 복음서의 마지막에서 예수님은 모든 권세를 가지고 부활하신 분으로 등장하시며 자기 백성과 언제나 함께할 것을 선포하십니다. 구약성경의 약속, 곧 하나님이 그의 백성과 함께하시겠다는 언약은 마침내 예수님을 통해 성취됩니다.

예수님의 사역은 세례 요한의 세례와 함께 시작됩니다. 이사야 40장에서 약속된 구원의 날은 "회개하라 천국이 가까이 왔느니라"(마태복음 3:2)라고 외치던 세례 요한에게 예수님이 찾아오심으로써 성취됩니다. 죄가 없으신 거룩한 예수님이 회개의 세례를 받으신 사건은 그분이 앞으로 이루실 구원 사역의 방식을 보여 줍니다. 예수님은 자기 백성의 대표자가 되어 그의 삶과 죽음을 통해 백성의 죄를 대속하실 것입니다. 또한 예수님의 세례 사건은 삼위 하나님이 서로 교류하시는 놀라운 장면을 보여 줍니다. '성부 하나님'은 우리를 구원하시기 위해 지극히 사랑하는 아들, '성자 예수님'을 이 땅에 보내셨습니다. 그리고 예수께 '성령 하나님'이 임하게 하셔서 그분이 진정한 왕이심을 보여 주십니다. 예수님의 세례는 구약성경이 그토록 고대하던 다윗의 반차를 따르는 왕의 대관식이었습니다.

**성경수업**

**돌아보기**

❶ 복음은 (                    )을 의미합니다. 복음서의 모든 본문은 예수님이 (        )을 이루시기 위해 행한 사역을 중심으로 흘러갑니다. (성경수업 Lesson 1)

❷ 마태는 예수 그리스도의 오심을 매우 분명하게 (                    )의 맥락 안에서 선포합니다. 복음서의 내용을 잘 이해하려면 언제나 (                    )을 잘 살펴보아야 합니다. 우리는 (                    )을 통해서 예수님이 누구이신지, 그분이 무엇을 하기 위해 이곳에 오셨는지를 더욱더 풍성하고 정확하게 이해할 수 있습니다. (성경수업 Lesson 2)

❸ 예수님은 실패로 점철된 이스라엘 왕들의 행적을 더 이상 반복하지 않으십니다. 하나님의 통치는 진정한 (      )으로 오신 예수님을 통해 완전히 이루어질 것입니다. (성경수업 Lesson 3)

❹ 복음서의 시작에서 예수님은 이사야 선지자의 예언을 성취하시는 ( )로 등장하십니다. 복음서의 마지막에서는 부활하신 예수님이 자신이 모든 ( )를 가지셨으며 자기 ( )과 항상 함께할 것이라고 선포하십니다. 마태복음의 중요한 주제는 바로 구약성경을 ( )하시는 예수님입니다. (성경수업 Lesson 4)

❺ 예수님의 사역은 ( )에게 ( )를 받으시면서 시작됩니다. 예수님의 세례 장면은 모든 복음서가 다루는 매우 중요한 사건입니다. 여기서 우리가 알 수 있는 두 가지 사실이 있습니다. (성경수업 Lesson 5)

- 거룩하신 예수님은 죄 용서를 위한 ( )의 세례를 받으실 필요가 없다.
- 예수님은 모든 ( )를 성취하기 위해 이 땅에 오셨다.

**정답**

1. 좋은 소식, 구원 2. 구약성경, 구약성경, 구약성경 3. 왕 4. 임마누엘, 권세, 백성, 성취 5. 세례 요한, 세례, 회개, 의

**나눔**

**질문**

❶ 복음이 '나'를 위하여 하나님이 마련하신 '좋은 소식'이라는 것을 느껴본 적이 있나요?

❷ 나와 함께하시는 '왕'이신 예수님께 나는 얼마나 순종하며 살고 있나요?

❸ '좋은 소식'을 가져다 주시며 진정한 왕으로서 우리를 통치하시는 예수님을 따르는 한 주간이 되기 위해 내가 실천할 수 있는 것들을 나누어 봅시다.

## 기도로 함께 소망하며

❶ 성경 말씀에 기초해, 찬양과 감사의 기도를 드립니다.

수고하고 무거운 짐 진 자들아 다 내게로 오라
내가 너희를 쉬게 하리라
마태복음 11:28

❷ 일상의 변화를 소망하며, 회개와 결단의 기도를 드립니다.

❸ 서로를 위해, 또 교회를 위해 기도합니다.

## 하나님을 향한

## 찬양

### 시편 23편 1-6절

여호와는 나의 목자시니
내게 부족함이 없으리로다
그가 나를 푸른 풀밭에 누이시며
쉴 만한 물 가로 인도하시는도다
내 영혼을 소생시키시고
자기 이름을 위하여 의의 길로 인도하시는도다
내가 사망의 음침한 골짜기로 다닐지라도
해를 두려워하지 않을 것은
주께서 나와 함께 하심이라
주의 지팡이와 막대기가 나를 안위하시나이다
주께서 내 원수의 목전에서 내게 상을 차려 주시고
기름을 내 머리에 부으셨으니 내 잔이 넘치나이다
내 평생에 선하심과 인자하심이
반드시 나를 따르리니
내가 여호와의 집에 영원히 살리로다

# 2

# 복음서 2

**성경읽기** 마태복음 19-28장,
마가복음 1-16장

**성경수업** 시험을 이기신 하나님의 아들

**성경나눔**

## 복음서 2에 들어가며

앞서 우리는 아브라함과 다윗의 자손으로 오신 예수님이 참된 왕이자 하나님의 아들이심을 살펴보았습니다. 예수님이 세례를 받으시고 물에서 나오실 때 하나님은 "이는 내 사랑하는 아들이요 내 기뻐하는 자라"(마태복음 3:17)라고 말씀하셨습니다. 그리고 바로 성령께서 예수님을 광야로 인도하셨는데, 흥미롭게도 그곳에서 예수님이 사탄에게 받으신 첫 번째 시험은 이렇게 시작됩니다. "네가 만일 하나님의 아들이어든"(마태복음 4:3). 하나님이 선포하신 예수님의 아들되심에 사탄이 도전하는 것이죠. 우리에게 익숙한 이 본문을 구약성경과 연결하여 살펴보면, 예수님은 우리의 모범으로서뿐만 아니라 우리의 구원자로서 시험을 이기신 것을 깨닫게 됩니다.

이번 주는 마태복음 19장에서 28장까지와 마가복음을 통독하면서, 성경수업을 통해 예수님이 선포하신 복음의 내용과 그분이 행하신 기적들이 증거하는 예수님과 하나님의 나라를 살펴보겠습니다.

## 리딩지저스 영상 안내

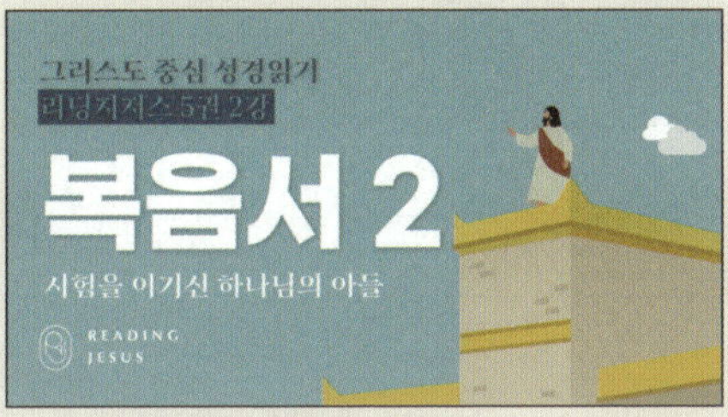


**리딩지저스 5권 2강: 복음서 2**

QR코드를 찍으면 '복음서 2' 리딩지저스 영상으로 바로 연결됩니다. 또는 유튜브에서 '리딩지저스 복음서 2'를 검색하여 시청할 수 있습니다. '성경읽기'와 '성경공부'를 시작하기 전에 리딩지저스 영상을 시청하면 도움이 됩니다.

1부 — 성/경/읽/기

QR코드를 찍으면 **리딩지저스 오디오 바이블**로 연결됩니다. 45주 성경통독 일정에 맞추어 제작된 **오디오 바이블**을 통해 매일의 성경통독 분량을 부담 없이 완독할 수 있습니다. 그리스도 중심 성경읽기 《리딩지저스》와 함께하는 성경통독을 통해 하나님과 동행하는 하루하루가 되기를 소망합니다.

## 이번 주 성경읽기 스케줄

| 주일 | 리딩지저스 영상 시청, 성경수업 읽기 | | | |
|---|---|---|---|---|
| | 기본 읽기 | | 핵심 읽기 | |
| 월 | 마 19-21장 | 완독 | 마 19장 | |
| 화 | 마 22-24장 | | 마 22장 | |
| 수 | 마 25-28장 | | 마 27장 | |
| 목 | 막 1-5장 | | 막 4장 | |
| 금 | 막 6-10장 | | 막 8장 | |
| 토 | 막 11-16장 | | 막 16장 | |

## 1일차 십자가를 준비하시는 예수님

**기본 읽기** 마태복음 19-21장
**핵심 읽기** 마태복음 19장

재물이 많은 청년이 예수님께 다녀간 이후 예수님은 제자들에게 한 이야기를 들려주십니다. 그리고 제자들은 자신들이 모든 것을 다 버리고 예수님을 따랐다고 말합니다. 예수님은 포도원 품꾼의 비유를 들어서 '나중 된 자가 먼저 되고, 먼저 된 자가 나중 된다'는 말씀을 전하십니다. 이후 세베대의 아들의 어머니가 예수님께 와서 자기 아들들을 예수님 좌우편에 앉게 해달라고 부탁하자, 예수님은 자신이 이곳에 오신 목적을 다시 한번 명확히 말씀하십니다. 이 사건 이후 예수님은 드디어 예루살렘에 입성하십니다. 예수님의 첫 번째 사역은 환전상들과 제물을 판매하는 장사치들로 뒤덮인 예루살렘 성전을 깨끗하게 하신 것이었습니다. 그러자 대제사장 무리는 예수님의 권위에 의심을 품고 정면으로 도전합니다. 예수님은 포도원 품꾼의 비유를 가지고 그들을 비판하십니다.

## 2일차 계속되는 논쟁

**기본 읽기** 마태복음 22-24장
**핵심 읽기** 마태복음 22장

바리새인과 사두개인들은 어떻게든 예수님을 올무에 걸리게 할 목적으로 다양한 논쟁을 벌입니다. 이에 로마 황제에게 세금을 내는 문제와 부활에 관한 논쟁이 이어집니다. 예수님은 다윗이 그리스도를 '주'로 칭한 것을 지적하셨고, 이후 바리새인들은 예수님께 감히 묻지 않습니다. 예수님은 바리새인들, 사두개인들, 서기관들을 강하게 꾸짖으십니다. 이어서 예수님은 예루살렘이 황폐해지고 성전이 무너질 것이라고 예언하십니다. 언젠가 예수님이 다시 오실 그날은 도적같이 임할 것이라고 말씀하십니다. 마치 노아 시대에 사람들이 홍수 하루 전날까지 일상을 누린 것처럼 말입니다. 예수님은 자신이 예고 없이 올 것이니 깨어 있을 것을 당부하십니다.

## 3일차 아버지와 아들과 성령의 이름으로

**기본 읽기** 마태복음 25-28장
**핵심 읽기** 마태복음 27장

마지막 날에 대한 비유를 말씀하시던 예수님은 끝으로 십자가를 예언하십니다. 이윽고 예수님의 머리에 향유를 부은 여인의 이야기가 나오고, 유월절 만찬 자리로 시선이 이동합니다. 이어서 겟세마네에서 기도하시는 예수님과 그분의 체포 장면, 공회에서의 재판과 베드로의 부인, 가룟 유다의 자살과 빌라도 법정 이야기로 시선은 쉴 새 없이 이동합니다. 그리고 며칠 전, 예수님의 예루살렘 입성을 환영하던 군중은 돌변하고 맙니다. 예수님은 말씀대로 십자가에 못 박혀 돌아가십니다. 하지만 사흘 뒤, 예수님은 부활하십니다. 부활의 첫 번째 증인은 여인들이었고, 그 후에는 수많은 제자가 부활하신 예수님을 목격합니다.

## 4일차 복음의 시작

**기본 읽기** 마가복음 1-5장
**핵심 읽기** 마가복음 4장

3일간 읽게 될 마가복음은 사복음서 중 분량이 가장 적기 때문에 빠른 속도로 읽어 나갈 수 있는 책입니다. 예수님의 탄생과 유년 시절을 소개한 마태복음과 달리 마가복음은 "하나님의 아들 예수 그리스도의 복음의 시작이라"(마가복음 1:1)라는 짤막한 구절을 시작으로 세례 요한이 바로 등장합니다. 그리고 상당히 빠른 속도로 예수님의 사역을 훑어 나갑니다. 제자들을 부르신 예수님은 귀신들린 사람과 병든 사람들을 고치십니다. 바리새인들이 예수님의 사역에 이의를 제기하며 논쟁을 벌일 때마다 예수님은 그들의 질문이나 이의 제기에 말씀으로 대답하십니다. 예수님은 다양한 비유로 하나님 나라를 설명하시지만, 사람들은 예수님의 말씀이 무슨 의미인지 깨닫지 못합니다.

## 5일차 그리스도의 영광

**기본 읽기** 마가복음 6-10장
**핵심 읽기** 마가복음 8장

6장에서 예수님은 열두 제자를 세우고 파송하십니다. 이 무렵 예수님에 대한 소문이 돌자 헤롯 왕은 얼마 전 자신이 죽인 세례 요한이 살아난 것이라며 예수님을 두려워합니다. 그리고 바리새인들은 예수님이 유대인의 율법을 어겼다며 지속하여 이의를 제기합니다. 예수님은 자신을 따라온 사람들을 불쌍히 여기시며 오병이어의 기적을 베푸십니다. 또한 예수님은 두로 지방에서 만난 한 이방 여인에게 은혜를 베푸십니다. 8장에서 베드로는 예수님께 신앙을 고백하는데, 이 사건을 기점으로 예수님은 본격적으로 자신의 고난을 언급하십니다. 이후 벌어지는 사건들은 마태복음의 기록과 비슷하게 전개되지만, 특별히 마가복음 10장은 시각장애인 바디매오의 치유 이야기를 언급합니다.

## 6일차 그리스도의 십자가

**기본 읽기** 마가복음 11-16장
**핵심 읽기** 마가복음 16장

전체 16장 중 여섯 장을 예루살렘 입성 이후의 사건을 기록하는 데 할애할 만큼 마가복음은 예수님의 십자가와 부활을 중요하게 다룹니다. 예루살렘에 입성하신 예수님은 하나님 나라의 원리를 비유로 가르치시고, 바리새인들을 통렬히 꾸짖으시며 사람들에게 깨어 있을 것을 강조하십니다. 유월절 만찬 자리에서 첫 번째 성찬을 제정하신 예수님은 곧이어 대제사장 무리에게 잡히신 다음, 로마 군인들에게 모욕을 당하시고 십자가에 달려 죽으십니다. 그리고 사흘 뒤, 예수님은 부활하십니다. 예수님은 부활을 믿지 못하는 제자들에게 나타나셔서 그들의 믿음 없음과 완악함을 꾸짖으십니다. 그리고 그들에게 "온 천하에 다니며 만민에게 복음을 전하라"(마가복음 16:15)라는 사명을 주십니다.

# 2부

# 성경수업

# 시험을 이기신
# 하나님의 아들

성령이 곧 예수를 광야로 몰아내신지라
광야에서 사십 일을 계시면서
사탄에게 시험을 받으시며
들짐승과 함께 계시니
천사들이 수종들더라

마가복음 1장 12-13절

# 네가 만일 하나님의 아들이어든

## 예수님의 광야 시험

사탄은 광야에서 사십 일을 밤낮으로 금식하신 예수님을 시험합니다. 이에 예수님은 신명기 6장과 8장의 말씀을 가지고 사탄에게 대응하십니다.

● **사탄의 시험**

**첫 번째 시험** 네가 만일 하나님의 아들이어든 명하여 이 돌들을 떡덩이가 되게 하라

**두 번째 시험** 네가 만일 하나님의 아들이어든 (성전에서) 뛰어내리라

**세 번째 시험** 만일 내게 엎드려 경배하면 이 모든 것(천하 만국과 그 영광)을 네게 주리라

예수님의 광야 시험 장면은 우리가 시험에 어떻게 대응해야 하는지를 보여 줍니다. 우리는 예수님처럼 하나님의 말씀으로 무장하여 사탄의 계략과 시험에 맞서 싸워야 합니다. 또한 예수님이 구약성경에 나타난 소망을 성취하신 분이라는 사실을 기억해야 합니다. 그러면 예수님의 시험 사건이 지닌 근본적인 의미를 발견할 수 있게 될 것입니다.

예수님은 참혹한 **죄의 결과**를 반영하는 장소에서 사탄과 맞서신 것입니다. **실패한 아담**과 달리 예수님은 하나님께 순종하심으로써 시험을 이기십니다.

먼저 예수님은 이 시험을 통해 이스라엘의 반복적인 실패를 극복하십니다. 하나님은 아들로서의 이스라엘을 애굽에서부터 구원하셨습니다.

> 너는 바로에게 이르기를 여호와의 말씀에 이스라엘은 내 아들 내 장자라 내가 네게 이르기를 내 아들을 보내 주어 나를 섬기게 하라 하여도 네가 보내 주기를 거절하니 내가 네 아들 네 장자를 죽이리라 하셨다 하라 하시니라(출애굽기 4:22-23)

그러나 그들은 광야에서 음식으로 불평했고, 하나님을 시험했으며, 금송아지를 만들어 숭배했습니다. 실패한 이스라엘과 달리 예수님은 이렇게 말씀하십니다.

> 사람이 떡으로만 살 것이 아니요 하나님의 입으로부터 나오는 모든 말씀으로 살 것이라(마태복음 4:4)

예수님은 하나님이 광야에서 이스라엘에게 주신 말씀을 가지고 사탄의 시험을 이기십니다. 예수님은 하나님 아버지를 신뢰하셨고, 그분의 아들됨의 특권을 남용하지 않으십니다.

이스라엘 이전에 죄를 지은 또 다른 하나님의 아들이 있었습니다. 바로 아담입니다. 사실 광야라는 곳은 아담이 죄를 지었기 때문에 생긴 장소입니다. 아담의 죄로 인해 작물을 기르기 어려운 황폐한 광야가 생겼습니다. 예수님은 참혹한 죄의 결과를 반영하는 장소에서 사탄과 맞서신 것입니다. 실패한 아담과 달리 예수님은 하나님께 순종하심으로써 시험을 이기십니다. 마가복음 1장 12-13절은 예수님이 들짐승과 함께 계시며 천사들의 수종을 받으시는 장면을 묘사하는데, 이는 창세기 1-2장을 떠올리게 합니다. 그리고 평화의 날을 고대하는 이사야 11장도 상기시킵니다. 예수님은 사탄의 시험을 이기심으로써 아담의 죄로 인해 생긴 혼돈과 부조화를 완전하게 극복하십니다.

> 성령이 곧 예수를 광야로 몰아내신지라 광야에서 사십 일을 계시면서 사탄에게 시험을 받으시며 들짐승과 함께 계시니 천사들이 수종들더라(마가복음 1:12-13)

예수님의 시험 사건이 지닌 중요한 의미가 한 가지 더 있습니다. 바로 기름 부음 받은 하나님의 아들이 사탄을 정복하는 모습입니다. 우리의 대표자가 우리를 위해 전쟁을 치르는 것입니다. 마치 다윗이 이스라엘의 대표로 골리앗과 싸운 것처럼 말이죠. 사탄은 예수님께 사명을 떨쳐 버리라고 유혹하지만, 예수님은 하나님께 순종하심으로써 그 유혹을 떨쳐 내십니다. 예수님은 사탄에게 치명타를 날리고 승리하십니다. 이 승리는 하나님의 아들이자 인류의 대표이신 예수님의 승리, 곧 만물의 회복을 미리 보여 주는 승리이자 사탄의 왕국을 무너뜨리는 감격스러운 승리입니다.

## Lesson 2 하나님의 나라가 가까이 왔으니

### 하나님 나라의 도래

예수님은 시험을 이기신 뒤 하나님 나라를 선포하기 시작하십니다. "때가 찼고 하나님의 나라가 가까이 왔으니 회개하고 복음을 믿으라"(마가복음 1:15). 하나님 나라를 선포하시는 예수님은 순종하는 아들, 사탄을 이긴 분, 곧 강한 자를 결박하는 능력과 권위를 지닌 분입니다.

예수님은 스불론과 납달리의 북쪽 지역에서 사역을 시작하십니다. "예수께서 갈릴리에 오셔서 하나님의 복음을 전파하여"(마가복음 1:14). 예수님이 하나님 나라의 도래를 선포하시기 시작한 지역이 매우 흥미롭습니다. 이곳은 예루살렘에서 아주 멀리 떨어진 곳으로서 오늘날 시리아에 가까운 북쪽 지역, 이방의 갈릴리입니다. 복음은 이스라엘의 중심지인 예루살렘이 아니라 이방 땅과 가까운 동네에서부터 시작되었습니다. 그 이유가 무엇일까요? 이를 두고 마태는 이사야 선지자의 예언을 성취하기 위함이라고 말합니다.

> 전에 고통 받던 자들에게는 흑암이 없으리로다 여호와께서 스불론 땅과 납달리 땅이 멸시를 당하게 하셨더니 후에는 해변 길과 요단 저

쪽 이방의 갈릴리를 영화롭게 하셨느니라(이사야 9:1)

예루살렘에서 멀리 떨어진 곳에 살던 이들은 외부 침략에 가장 많이 노출되어 있었습니다. 예루살렘에 사는 사람들은 이 지역에 사는 사람들을 탐탁지 않게 여겼을 것입니다. 종교로나 인종으로나 자신들보다 그들이 열등하다고 생각했을 것입니다. 그런데 예수님은 바로 그곳, 이방 지역과 가까운 이유로 어둡다고 폄하되었던 갈릴리에서 사역을 시작하십니다. 구원의 빛이신 예수님은 흑암에 행하던 백성에게 찾아가셔서 하나님의 나라 곧 복음을 선포하신 것입니다.

## Lesson 3 점점 선명해지는 하나님의 나라

### 예수님이 행하신 기적들

마가복음 1-3장에서 예수님은 병자를 고치시고, 귀신을 쫓아내시며, 죄를 용서해 주십니다. 예수님은 모든 상황에서 자신의 권위를 드러내시며 사탄을 굴복시키십니다. 반면에 예수님에 대한 반대 세력도 빠르게 형성됩니다. 마가복음 3장부터는 예수님을 대적하는 세력이 생겨나 그분을 어떻게 죽일지에 관해 논의하는 장면이 나옵니다.

> 바리새인들이 나가서 곧 헤롯당과 함께 어떻게 하여 예수를 죽일까 의논하니라(마가복음 3:6)

예수님의 친족들도 예수님이 미쳤다고 생각하여 그분을 잡으러 왔고, 예루살렘에서 온 서기관들은 예수님이 귀신의 왕 바알세불의 힘을 입어 귀신을 쫓아낸다고 비난합니다. 이에 대해 예수님은 자신이 사탄보다 더 강하고, 사로잡힌 이들을 자유케 하는 자라고 말씀하십니다.

마가복음을 묵상하다 보면 자연스럽게 이런 질문이 생깁니다. '예수님은 도대체 누구인가?' 마가복음 4장은 한 사건을 보여 줍니다. 예수님은

하나님의 아들이자 기름 부음 받은 메시아이신 예수님은 **기적과 말씀**을 통해 **자신의 신분**과 **하나님의 나라**를 선명하게 드러내십니다.

제자들과 함께 배를 타고 바다 건너편으로 가십니다. 여러 사역으로 피로하셨던 예수님은 배 안에서 잠이 드셨고, 곧이어 그 배는 큰 광풍을 만납니다. 이 광풍이 얼마나 거셌던지 어부였던 제자들조차도 자신들이 머지 않아 죽을 것이라고 생각합니다. 이러한 폭풍 속에서 예수님은 주무시고 계십니다. 잠시 후 예수님은 말씀으로 폭풍을 잔잔하게 하시는 기적을 행하십니다. 이는 예수님 이전에는 볼 수 없었던 놀라운 기적이었습니다. 구약성경의 엘리야와 엘리사도 여러 기적을 행했지만, 예수님처럼 자연을 꾸짖고 다스리는 기적을 행한 적은 없었습니다.

> 예수께서 깨어 바람을 꾸짖으시며 바다더러 이르시되 잠잠하라 고요하라 하시니 바람이 그치고 아주 잔잔하여지더라(마가복음 4:39)

기적을 경험한 예수님의 제자들은 질문합니다. "이 사람은 도대체 누구인가?" 특별히 마가복음의 전반부에서 이 질문은 후렴구처럼 지속적으로 등장합니다.

우리가 다룰 또 다른 본문은 사복음서 모두에서 등장하는 기적, 곧 예수님이 오천 명을 먹이신 사건입니다. 단순히 오천 명이라고 해도 많은 숫자인데, 마가는 남자 오천 명(마가복음 6:44)이라고 기록합니다. 예수님이 방문하셨던 가버나움과 같은 주요 마을의 인구는 보통 이삼천 명에 불과했습니다. 다시 말해, 예수님은 여러 마을을 합친 숫자에 해당하는 수많은 사람을 광야에서 먹이신 것입니다. 앞에서 언급했듯이 복음서는 완전히 새로운 이야기를 기록한 책이 아니라 오히려 옛 언약과 구약성경의 소망을 성취하는 책이라는 점을 기억하며 이 기적을 살펴보아야 합니다. 오병이어 기적은 여호와께서 광야에 있는 자기 백성에게 복을 주시고 그들을 먹이실 것이라는 이사야 25장 6절의 약속에 대한 성취입니다. 그리고 오천 명을 먹이신 이후에 예수님은 자신을 가리켜 하늘에서 내려온 "생명의 떡"이라고 말씀합니다.

만군의 여호와께서 이 산에서 만민을 위하여 기름진 것과 오래 저장하였던 포도주로 연회를 베푸시리니 곧 골수가 가득한 기름진 것과 오래 저장하였던 맑은 포도주로 하실 것이며(이사야 25:6)

예수께서 이르시되 나는 생명의 떡이니 내게 오는 자는 결코 주리지 아니할 터이요 나를 믿는 자는 영원히 목마르지 아니하리라(요한복음 6:35)

예수님이 행하신 기적들은 너무나 놀라웠습니다. 하나님의 아들이자 기름 부음 받은 메시아이신 예수님은 기적과 말씀을 통해 자신의 신분과 하나님의 나라를 선명하게 드러내셨습니다. 예수님의 기적을 직접 목격하거나 전해 들은 사람들은 자연스럽게 이런 질문을 했을 것입니다. "이 사람은 도대체 누구인가?"

# Lesson 4 너희는 나를 누구라 하느냐

**그리스도의 의미를 가르치심**

예수님은 빌립보 가이사랴의 여러 마을을 다니면서 제자들에게 물으십니다. "사람들이 나를 누구라고 하느냐"(마가복음 8:27). 예수님의 정체를 두고 사람들 사이에 여러 말이 오갔습니다. 세례 요한, 엘리야, 선지자 등 의견이 다양했지만, 그 어느 것도 정확하지 않았습니다. 이러한 상황에서 예수님이 제자들에게 물으십니다.

> 너희는 나를 누구라 하느냐(마가복음 8:29)

베드로는 예수님이 행하신 모든 일을 목격했기에, 그분이 구약의 선지자들이 예언한 기름 부음 받은 메시아, 곧 그리스도이심을 깨닫기 시작합니다. 베드로의 고백은 공관복음서 모두에 등장합니다. 마태복음에서는 "주는 그리스도시요 살아 계신 하나님의 아들이시니이다"(마태복음 16:16)로, 마가복음에서는 "주는 그리스도시니이다"(마가복음 8:29)로, 누가복음에서는 "하나님의 그리스도시니이다"(누가복음 9:20)로 기록되어 있습니다. 세 복음서는 모두 예수님을 '그리스도', 곧 하나님 나라를 가져오실 기름 부음 받은 왕으로 묘사합니다. 예수님도 자신을 그리스도라고 확증하시면서, 이를 알게 하신 이가 하나님이시라고 베드로에게 말씀하십니다.

이 사건은 마가복음에서 전환점 역할을 합니다. 이 사건을 기점으로 예수님은 장차 다가올 고난과 죽음, 그리고 부활을 가르치기 시작하십니다. 자신이 그리스도라는 사실이 무엇을 의미하는지, 또 그리스도가 어떻게 영원한 나라를 가져올 것인지에 관해 말씀하시는 것이죠. 이 말씀은 제자들에게 매우 놀라운 일이었고, 그들이 가지고 있던 생각의 틀을 완전히 깨뜨립니다. 제자들이 생각한 그리스도는 다윗 혈통의 왕으로 오셔서 영원한 나라를 다스릴 왕이었습니다. 제자들은 기름 부음 받은 왕이 어째서 예루살렘에서 죽어야 하는지 도무지 이해할 수 없었습니다. 그러나 예수님은 제자들에게 자신이 바로 이 일을 하기 위해 왔다고 말씀하십니다.

제자들은 예수님이 행하시는 사역의 본질을 제대로 이해하지 못했습니다. 특히 그분의 죽음과 부활을 통해서 하나님 나라가 임한다는 진리를 전혀 이해할 수 없었습니다. 우리는 빌립보 가이사랴 사건을 통해 인간을 구원하기 위해 이 땅에 오신 사명과 목적을 예수님이 분명하게 이해하고 계셨다는 사실을 알 수 있습니다.

## Lesson 5 영광스러운 모습으로 변화되시다

### 변화산 사건

빌립보 가이사랴 사건 직후에 흥미로운 사건이 등장합니다. 바로 예수님의 '변화산 사건'입니다. 이 사건이 시작되는 마가복음 9장 1절에서 예수님은 말씀하십니다.

> 여기 서 있는 사람 중에는 죽기 전에 하나님의 나라가 권능으로 임하는 것을 볼 자들도 있느니라(마가복음 9:1)

참 희한한 말씀입니다. 이 구절의 의미에 관해서는 학자들 사이에 다양한 의견이 존재합니다. 어떤 이들은 이 말씀을 예수님의 재림에 대한 예언으로 이해합니다. 하지만 말씀에서 언급되는 제자들 모두가 예수님의 재림 이전에 죽었기 때문에 이 견해는 틀립니다. 이 본문을 잘 해석하기 위해서는 문맥을 면밀히 살펴보아야 합니다. 바로 이어지는 본문에서 하나님 나라가 '권능으로 임하는 방식'을 볼 수 있기 때문입니다. 그것이 바로 변화산 사건입니다.

예수님은 베드로, 야고보, 요한과 함께 산 위에 올라가셔서 그들이 보는 앞에서 변화되십니다. 그분의 옷은 빨아 희게 할 수 없을 만큼 희어졌고, 영광의 광채로 빛났습니다. 예수님 곁에는 구약의 율법을 대표하는 모세와 선지자를 대표하는 엘리야가 있었습니다. 이 두 사람은 구약에서 놀라운 기적을 행했던 인물들로서 장차 오실 메시아를 기대하게 만드는 역할을 했습니다. 이제는 구약을 성취하시는 예수님이 두 인물과 비교할 수 없을 정도로 영광스러운 권위를 가지고 서 계십니다.

우리가 변화산 사건을 통해 깨달아야 하는 것은 장차 다가올 고통 앞에서도 빛나는 성자 예수 그리스도의 참된 영광입니다. 여기서도 하나님 아버지의 음성이 들립니다.

이는 내 사랑하는 아들이니 너희는 그의 말을 들으라(마가복음 9:7)

이 말씀은 장차 다가올 고난에도 불구하고 예수님이 하나님의 아들이 되신다는 사실을 확증합니다. 변화산 사건은 고난을 앞둔 하나님의 아들의 참된 영광을 드러내는 중요한 사건입니다. 찬란하게 변화한 예수님의 모습은 우리로 하여금 부활의 영광을 바라보게 하고 장차 영광 가운데 임할 하나님 나라를 미리 맛보게 합니다.

READING JESUS

**리딩지저스**

**: 그리스도 중심으로 읽는 복음서 2**

하나님 나라를 이해하는 데 매우 중요한 두 단어가 있습니다. 바로 '이미'와 '아직'입니다. 하나님 나라는 이곳에 '이미' 임했습니다. 마지막 때의 복이 이미 우리에게 임한 것이죠. 왜냐하면 예수님이 이미 죄가 없는 완전한 삶으로 이 땅에서의 사명을 감당하셨고, 사탄을 이기셨기 때문입니다. 그분은 죽음을 이기고 부활하심으로써 하나님 나라를 우리 가운데 굳건히 세우셨습니다. 우리의 책무는 예수님 앞에 엎드리는 것뿐입니다. 그분을 믿고 우리의 죄를 회개함으로써 그분께로 돌아가는 것입니다.

또한 우리는 '아직'의 때를 살고 있습니다. 우리는 은혜로 구원받았지만 아직 완전에 이를 수 없기 때문에 그리스도께서 다시 오실 때까지 분명히 깨어 매일같이 죄와 맞서 싸워야 합니다. 우리는 살아가면서 수많은 좌절을 경험할 것이고, 기쁨을 앗아가는 일들도 겪을 것입니다. 이런 상황 가운데 우리는 만물을 다스리시는 예수 그리스도께서 마지막 때 다시 오신다는 사실을 믿어야 합니다. 그분은 승리의 주님이십니다. 예수님은 반드시 다시 오셔서 하나님의 나라를 완성하실 것입니다. 우리는 그 영광의 날을 믿음으로 바라보며 오늘을 살아갑니다.

# 3부 성/경/나/눔

## 한눈에 보기

예수님의 광야 시험 사건에는 세 가지 중요한 의미가 있습니다. 첫째, 예수님은 광야 시험을 통해 이스라엘이 하나님의 아들로서 받았던 사명(출애굽기 4:22-23)에 대한 반복적인 실패를 극복하셨습니다. 출애굽 이후 온갖 불평으로 실패한 이스라엘과 달리 예수님은 하나님이 이스라엘에게 주신 말씀(신명기 6, 8장)을 가지고 광야 시험을 이기십니다. 이때 예수님은 하나님 아버지를 신뢰하며 자기 이익을 위해 그의 아들됨의 특권을 남용하지 않으십니다.

둘째, 예수님은 죄의 결과가 참혹히 드러나는 장소, 곧 아담이 죄를 지었기 때문에 생겨난 황폐한 광야에서 사탄에 맞서십니다. 실패한 아담과 달리 시험을 이기신 예수님은 아담의 죄로 인해 생겨난 혼돈과 부조화를 완전히 극복하십니다. 셋째, 기름 부음 받으신 하나님의 아들의 승리를 보여주십니다. 이 승리는 하나님의 아들이시며 인류의 대표가 되시는 예수님의 사역을 통해 만물이 회복되고 사탄의 왕국이 무너지게 될 것을 보여 줍니다.

하나님 나라를 선포하신 예수님은 순종하는 아들이자 사탄과의 대결에서 이미 승리하신 분으로서 강한 자를 결박하는 능력과 권위가 있는 분입니다. 예수님이 하나님 나라를 선포하실 때 그 나라는 능력으로 임합니다. 예수님은 갈릴리, 곧 이방 지역과 가장 가까운 곳에서부터 사역을 시작하십니다. 그분은 흑암에 행하던 백성에게 구원의 빛으로 찾아가셔서, 하나님의 나라, 곧 복음을 선포하십니다.

예수님은 병자를 고치시고, 귀신을 쫓아내시며, 죄를 용서해 주시는 여러 기적을 행하십니다. 순종하는 하나님의 아들이자 기름 부음받은 메시아이신 예수님은 여러 기적과 말씀을 통해 자신의 신분과 하나님 나라를 점점 더 선명하게 드러내십니다. 이러한 기적을 직접 목격하거나 전해 들은 사람들은 자연스럽게 질문합니다. "이 사람은 도대체 누구인가?"

예수님은 제자들에게 물으십니다. "너희는 나를 누구라 하느냐?" 이 질문에 베드로는 "주는 그리스도"라고 고백합니다. 예수님은 자신이 그리스도라는 사실이 무엇을 의미하는지, 그리스도가 어떻게 영원한 나라를 가져올 것인지에 관해 말씀하십니다. 그러나 제자들은 기름 부음 받은 왕이 어째서 예루살렘에서 죽어야 하는지 도무지 이해할 수 없었습니다.

예수님이 영광스러운 모습을 보이신 '변화산 사건'은 하나님 나라가 권능으로 임하는 방식을 보여 줍니다. 영광의 광채로 빛나며 변화되신 예수님의 모습을 통해 우리는 장차 다가올 고통 앞에서도 빛나는 하나님의 아들의 참된 영광을 보게 됩니다. 구름 속에서 들리는 하나님 아버지의 음성은 예수님이 하나님의 아들이심을 확증합니다. 이로써 우리는 죽은 자 가운데서 부활하신 예수님을 통해 하나님 나라가 임하게 될 것을 알게 됩니다.

## 성경수업 돌아보기

❶ 사탄은 광야에서 사십일을 밤낮으로 금식하신 예수님을 시험합니다. 빈칸을 채워 보세요. (성경수업 Lesson 1)

- **첫 번째 시험:** (　　　　)을 (　　　　)로 만들어 보라.
- **두 번째 시험:** (　　　　)에서 뛰어내려 보라.
- **세 번째 시험:** 내게 엎드려 (　　　　)하면 모든 것, 곧 (　　　　　　　　)과 (　　　　)을 네게 주겠다.

❷ 예수님은 시험을 이기신 뒤 (　　　　　　　　)를 선포하기 시작하십니다. 구원의 빛이신 예수님은 흑암에 행하던 백성에게 찾아가서 (　　　　), 곧 (　　　　)을 선포하신 것입니다. (성경수업 Lesson 2)

❸ 하나님의 아들이자 기름 부음 받은 메시아이신 예수님은 (　　　　)과 (　　　　)을 통해 자신의 (　　　　)과 하나님의 (　　　　)를 선명하게 드러내십니다. (성경수업 Lesson 3)

❹ 변화산 사건은 고난을 앞둔 하나님의 아들의 ( )을 드러내는 중요한 사건입니다. 찬란하게 변화한 예수님의 모습은 우리로 하여금 ( )을 바라보게 하고 장차 영광 가운데 임할 ( )를 미리 맛보게 합니다. (성경수업 Lesson 5)

❺ 하나님 나라는 이곳에 ( ) 임했습니다. 마지막 때의 복이 이미 우리에게 임한 것이죠. 또한 우리는 ( )의 때를 살고 있습니다. 따라서 그리스도께서 다시 오실 때까지 죄와의 싸움은 매일 벌어질 것입니다. (리딩지저스)

**정답**

1. 돌들, 떡덩이, 성전, 경배, 천하 만국, 그 영광 2. 하나님 나라, 하나님 나라, 복음 3. 기적, 말씀, 신분, 나라 4. 참된 영광, 부활의 영광, 하나님 나라 5. 이미, 아직

나눔

질문

❶ 신자를 실패하고 넘어지게 하는 가장 큰 적은 죄입니다. 나는 얼마나 자주 하나님 앞에 나의 죄를 고백하고 회개하는 시간을 갖나요?

❷ 이스라엘이 수없이 실패하고 넘어졌던 광야에서 예수님은 승리하십니다. 내 삶의 광야에서도 예수님이 승리하실 것을 믿나요? 이 믿음이 나의 삶에 가져온 변화는 무엇인가요?

❸ 우리의 실패를 승리로 바꾸시고 영원한 소망을 주시는 그리스도를 나의 삶 속에서 온전히 의지하는 한 주간이 되기 위해 내가 실천할 수 있는 것들을 나누어 봅시다.

## 기도로 함께 소망하며

❶ 성경 말씀에 기초해, 찬양과 감사의 기도를 드립니다.

예수께서 이르시되 나는 부활이요 생명이니 나를 믿는 자는 죽어도 살겠고
무릇 살아서 나를 믿는 자는 영원히 죽지 아니하리니 이것을 네가 믿느냐
요한복음 11:25-26

❷ 일상의 변화를 소망하며, 회개와 결단의 기도를 드립니다.

❸ 서로를 위해, 또 교회를 위해 기도합니다.

**하나님을 향한**

**찬양**

## 시편 66편 1-9절

온 땅이여 하나님께 즐거운 소리를 낼지어다
그의 이름의 영광을 찬양하고 영화롭게 찬송할지어다
하나님께 아뢰기를 주의 일이 어찌 그리 엄위하신지요
주의 큰 권능으로 말미암아 주의 원수가 주께 복종할 것이며
온 땅이 주께 경배하고 주를 노래하며
주의 이름을 노래하리이다 할지어다 (셀라)
와서 하나님께서 행하신 것을 보라
사람의 아들들에게 행하심이 엄위하시도다
하나님이 바다를 변하여 육지가 되게 하셨으므로
무리가 걸어서 강을 건너고
우리가 거기서 주로 말미암아 기뻐하였도다
그가 그의 능력으로 영원히 다스리시며
그의 눈으로 나라들을 살피시나니
거역하는 자들은 교만하지 말지어다 (셀라)
만민들아 우리 하나님을 송축하며
그의 찬양 소리를 들리게 할지어다
그는 우리 영혼을 살려 두시고
우리의 실족함을 허락하지 아니하시는 주시로다

# 3

# 복음서 3

**성경읽기** 누가복음 1-24장

**성경수업** 죽으시고 다시 사신 왕

**성경나눔**

## 복음서 3에 들어가며

예수님의 고난과 죽음은 그분의 사역에서 가장 중요합니다. 예수님은 제자들에게 자신이 고난당하고 죽으실 것을 이미 여러 차례 가르치셨습니다. 제자들은 예수님의 말씀을 전혀 이해할 수 없었지만 말이죠. 십자가에서 돌아가시기 한 주 전, 예수님은 나귀를 타고 예루살렘으로 들어가십니다. 그리고 성전 주변에서 여러 비유와 교훈으로 가르치시고, 자신이 참 성전이 되심을 알려 주십니다. 예수님은 제자들과 마지막 식사를 하시며 이전의 모든 언약을 능가하는 새 언약을 세우십니다.

이번 주는 누가복음을 통독하면서, 성경수업을 통해 예수님의 공생애 마지막 일주일을 집중하여 살펴보겠습니다. 또한 고난당하고 죽으신 예수님이 마침내 부활하셔서 구약성경을 성취하시고(누가복음 24:44-47), 그의 이름을 믿는 자들을 참 구원과 기쁨, 소명의 자리로 인도하신 것을 살펴보겠습니다.

## 리딩지저스 영상

## 안내

**리딩지저스 5권 3강: 복음서 3**

QR코드를 찍으면 '복음서 3' 리딩지저스 영상으로 바로 연결됩니다. 또는 유튜브에서 '리딩지저스 복음서 3'을 검색하여 시청할 수 있습니다. '성경읽기'와 '성경공부'를 시작하기 전에 리딩지저스 영상을 시청하면 도움이 됩니다.

1부 | 성 / 경 / 읽 / 기

QR코드를 찍으면 **리딩지저스 오디오 바이블**로 연결됩니다. 45주 성경통독 일정에 맞추어 제작된 **오디오 바이블**을 통해 매일의 성경통독 분량을 부담 없이 완독할 수 있습니다. 그리스도 중심 성경읽기 《리딩지저스》와 함께하는 성경통독을 통해 하나님과 동행하는 하루하루가 되기를 소망합니다.

## 이번 주 성경읽기 스케줄

| 주일 | 리딩지저스 영상 시청, 성경수업 읽기 | | | |
|---|---|---|---|---|
| | 기본 읽기 | | 핵심 읽기 | |
| 월 | 눅 1-4장 | 완독 | 눅 2장 | |
| 화 | 눅 5-8장 | | 눅 5장 | |
| 수 | 눅 9-12장 | | 눅 11장 | |
| 목 | 눅 13-16장 | | 눅 15장 | |
| 금 | 눅 17-20장 | | 눅 18장 | |
| 토 | 눅 21-24장 | | 눅 24장 | |

### 1일차 데오빌로에게 전한 복음의 소식

**기본 읽기** 누가복음 1-4장
**핵심 읽기** 누가복음 2장

누가복음의 저자 누가는 데오빌로에게 예수님의 이야기를 들려주기 위하여 펜을 들었습니다. 누가복음은 마태복음과 마찬가지로 예수님의 탄생 이야기를 전하지만, 마태복음과 조금 다른 특징을 보입니다. 우선 세례 요한의 탄생 이야기가 등장하고, 이후 천사가 마리아에게 찾아가 예수님의 탄생을 알리는 장면이 나옵니다. 마리아가 세례 요한의 어머니 엘리사벳과 친척 관계라는 사실을 소개한 다음, 2장에서는 예수님이 어떻게 베들레헴에서 태어나시게 되었는지를 설명합니다. 예수님과 세례 요한의 탄생을 소개한 누가는 예수님이 광야에서 세례 요한에게 세례를 받으신 사건을 보여 줍니다. 그리고 마리아의 남편 요셉의 족보를 소개하며 예수님이 다윗의 후손이라는 사실을 확실히 합니다.

### 2일차 복음을 듣고 따른 자들의 이야기

**기본 읽기** 누가복음 5-8장
**핵심 읽기** 누가복음 5장

복음서에는 예수님의 제자들이 그분의 부르심에 응답한 이야기들이 소개되어 있습니다. 누가복음 5장에는 시몬, 야고보, 요한이 예수님을 따르게 된 이야기가 조금 더 상세하게 기록되어 있습니다. 이후 예수님은 나병환자와 중풍병자를 치유하시고 세리 레위를 부르십니다. 예수님은 이 과정을 통해 자신이 '의인이 아니라 죄인'을 부르러 왔음을 바리새인들에게 밝히십니다. 예수님이 열두 사도를 택하신 이야기는 누가복음 6장에 기록되어 있습니다. 이후 누가는 한 백부장과 나인 성 과부, 세례 요한의 제자들, 예수님께 향유를 부은 여인, 귀신 들린 사람, 회당장 야이로의 딸, 혈루증을 앓는 여인과 같이 다양한 '사람들'의 이야기를 들려주면서 예수님이 그들에게 어떻게 역사하셨는지를 설명합니다.

## 3일차 전파되어야 하는 복음

**기본 읽기** 누가복음 9-12장
**핵심 읽기** 누가복음 11장

누가복음에는 베드로의 신앙 고백이 9장에 등장합니다. 누가복음에서도 예수님은 베드로의 신앙 고백을 기점으로 십자가에 관한 이야기를 본격적으로 하시기 시작합니다. 예수님은 복음 전파의 중요성과 함께 제자들이 꼭 알아야 할 것과 피해야 할 것을 다양한 말씀으로 가르치십니다. 예수님의 제자가 열두 명만 있었던 것은 아닙니다. 9장에는 앞서 선발한 열두 제자를 파송하시는 장면이 있지만, 10장에는 칠십 명을 파송하시는 장면이 나옵니다. 예수님은 제자들에게 기도하는 법을 가르치시고, 바리새인들의 외식을 주의하라고 경고하십니다. 또 시대를 분간하고 깨어 있을 것을 강조하시면서 마지막 날에 일어날 일들을 말씀하십니다.

## 4일차 회개하라

**기본 읽기** 누가복음 13-16장
**핵심 읽기** 누가복음 15장

13장부터 16장에는 예수님의 여러 설교가 기록되어 있습니다. 이 설교들을 통하여 예수님은 회개를 촉구하시고 하나님 나라에 관해 설명하십니다. 우선 13장에서는 회개를 촉구하시면서 열매 맺지 못하는 무화과나무의 비유를 말씀하십니다. 한편으로는 겨자씨와 누룩, 좁은 문 비유를 통하여 하나님 나라에 관해 가르치시고, 바리새인들의 완악함을 강하게 꾸짖으십니다. 14장에서 예수님은 수종병 든 사람을 고치시고, 대접받기를 좋아하는 사람들을 비판하십니다. 또한 잔치에 초대받았으나 거절한 사람들의 이야기를 들려주십니다. 15장에서는 잃은 양 한 마리와 한 드라크마, 집을 떠나 방탕하게 살다 돌아온 둘째 아들의 비유를 말씀하십니다. 16장에서는 불의한 청지기 이야기, 부자와 나사로 이야기를 통하여 회개하지도 않고 심판의 날을 기다리지도 않는 유대인들을 비판하십니다.

## 5일차 품으시거나, 고치시거나, 꾸짖으시거나

**기본 읽기** 누가복음 17-20장
**핵심 읽기** 누가복음 18장

예수님의 예루살렘 입성이 다가옵니다. 고침을 받고자 하는 사람들이 여전히 예수님께 나아오고, 예수님은 그들을 치유하십니다. 예수님은 제자들에게 하나님 나라를 다양한 설교와 비유로 가르치십니다. 이 중에서도 가장 잘 알려진 이야기는 삭개오 이야기입니다. 예수님을 뵙고 싶어서 돌무화과나무에 올라갔던 삭개오는 예수님의 부르심을 받고는 자신의 잘못을 회개합니다. 이 사건 이후 예수님은 예루살렘에 입성하시고, 자신의 권위에 도전하는 이들에게 그 권위가 어디로부터 오는지 밝히십니다. 또한 포도원 농부의 비유를 통하여 바리새인들을 꾸짖으십니다.

## 6일차 구원을 이루시다

**기본 읽기** 누가복음 21-24장
**핵심 읽기** 누가복음 24장

모든 복음서는 예수님의 공생애 마지막 일주일을 자세히 설명합니다. 특히 마태, 마가, 누가는 유월절 만찬부터 십자가 처형에 이르는 장면들을 비슷하게 서술합니다. 그러나 누가복음은 다른 복음서에서 전하지 않는 색다른 이야기를 한 가지 전합니다. 바로 엠마오 사건입니다. 예수님의 십자가 처형을 보고 충격에 빠진 몇몇 제자가 엠마오로 향하던 길에서 부활하신 예수님을 만납니다. 제자들은 예수님을 알아보지 못했지만, 예수님은 제자들과 동행하시면서 구약을 자세히 풀어서 그들에게 설명해 주십니다. 예수님은 자신이 구약에 예언된 대로 고난을 받고 영광에 들어갔다는 말씀하십니다. 예수님의 이야기를 직접 들은 제자들은 마음이 뜨거워집니다. 이후 예수님은 열한 제자에게 나타나시고, 베다니에서 축복하시던 중에 하늘로 올라가십니다.

2부

# 성경수업

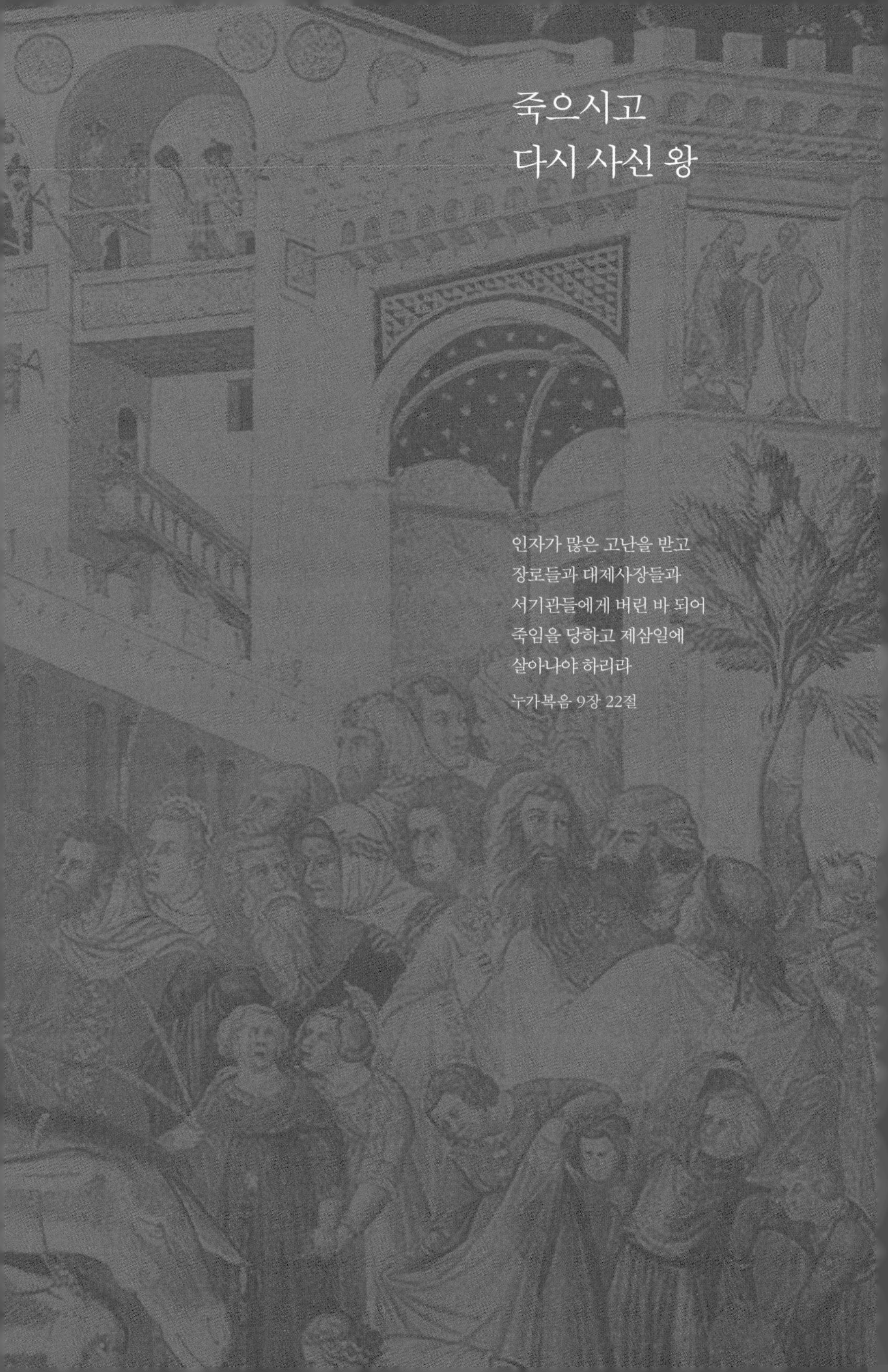

# 죽으시고
# 다시 사신 왕

인자가 많은 고난을 받고
장로들과 대제사장들과
서기관들에게 버린 바 되어
죽임을 당하고 제삼일에
살아나야 하리라

누가복음 9장 22절

## Lesson 1 주의 이름으로 오시는 이

### 예수님의 예루살렘 입성

예수님의 생애 마지막 일주일은 예루살렘 입성에서부터 시작됩니다. 예수님은 나귀를 타고 들어오는 상징적인 방법으로 예루살렘에 입성하십니다. 예수님은 단순히 다리가 피로해서 나귀를 타신 것이 아니라, 구약의 말씀을 성취하시기 위해 다윗 왕의 성읍이었던 예루살렘에 나귀를 타고 들어오십니다. 예수님은 스가랴 9장 9절에 기록된 '겸손한 왕'의 모습으로 나귀를 타고 예루살렘에 입성하십니다.

> 시온의 딸아 크게 기뻐할지어다 예루살렘의 딸아 즐거이 부를지어다 보라 네 왕이 네게 임하시나니 그는 공의로우시며 구원을 베푸시며 겸손하여서 나귀를 타시나니 나귀의 작은 것 곧 나귀 새끼니라(스가랴 9:9)

예수님이 예루살렘에 입성하시는 대목에서 우리는 사람들이 예수님의 행동을 어느 정도 이해하고 있었다는 점을 알 수 있습니다. 사람들은 나귀를 탄 예수님을 향해 이렇게 소리쳤습니다.

호산나 찬송하리로다 주의 이름으로 오시는 이여 찬송하리로다 오는 우리 조상 다윗의 나라여 가장 높은 곳에서 호산나(마가복음 11:9-10)

이 모습은 메시아 시편인 시편 118편의 성취였습니다. 여기서 "호산나"는 "여호와여 구하옵나니 이제 구원하소서"(시편 118:25)를 뜻합니다. 예루살렘의 사람들은 예수님의 뒤를 따르면서 이 노래를 불렀습니다. 그리고 예수님이 지나가시는 길에 마치 레드카펫을 펴고 환영하듯이 자기들의 겉옷을 펴고 종려나무 가지를 흔들며 예수님을 환영했습니다. 그래서 이를 기념해 지키는 절기를 '종려주일'이라고 부릅니다. 예수님은 유월절에 맞추어 메시아적 상징의 장소인 예루살렘에 나귀를 타고 입성하셨고, 사람들은 그분께 호산나 찬양을 올려 드립니다. 이는 예수님의 메시아되심을 드러내는 장면으로 예수님은 자신이 이 땅에 오신 목적을 밝히시고 백성에게 그 사실을 알게 하셨습니다.

그러나 예수님이 예루살렘에 입성하실 때 사람들은 여전히 예수님의 메시아되심을 정확하게 이해하지 못했습니다. 그들은 메시아가 십자가에 못 박혀 죽고 부활하실 것을 전혀 예상하지 못했습니다. 이미 세 차례 이 말씀을 들은 제자들도 상황은 마찬가지였습니다.

## Lesson 2 내가 사흘 동안 일으키리라

### 예수님의 성전 정화

예루살렘에 입성하신 예수님은 이스라엘 왕이 마땅히 해야 할 일, 곧 성전을 책임지는 일을 하십니다. 성전은 1세기를 살던 하나님의 백성에게 가장 중요한 장소였습니다. 여러 가지 의미에서 성전은 하나님 백성의 삶의 중심이었는데, 일 년에 세 번, 절기 때마다 하나님의 백성이 모이던 곳이었습니다. 예루살렘 중심에 있던 성전은 죄 사함을 위해 제물을 바치던 장소이자 기도 처소였습니다. 또한 성전은 하나님이 자기 백성과 만나시는 곳, 곧 하늘과 땅이 만나는 곳으로 여겨졌습니다. 예수님 생애 마지막 한 주의 가장 중요한 사건들이 바로 이 성전에서 일어납니다.

예수님은 성전에 들어가셔서 그 안에서 장사하는 자들을 내쫓으시고, 돈 바꾸는 자들의 상과 비둘기 파는 자들의 의자를 둘러엎으십니다. 우리가 흔히 '성전 청결 사건'이라고 부르는 일이 일어난 것이죠. 예수님은 구약성경의 선지서 본문을 인용하면서 그들을 비판하십니다.

> 기록된 바 내 집은 기도하는 집이 되리라 하였거늘 너희는 강도의 소굴을 만들었도다(누가복음 19:45)

예수님은 하나님의 집을 도둑의 소굴로 만든 사람들을 책망하시며 더 이상 성전이 존재할 의미가 없다고 말씀하십니다.

> 이 성전을 헐라 내가 사흘 동안에 일으키리라(요한복음 2:19)

이때 사람들은 당연히 예수님이 46년에 걸쳐 지어진 성전에 관해 말씀하신다고 생각했습니다. 하지만 예수님은 성전된 자기 육체를 가리켜 말씀하신 것이었습니다. 이제 참된 성전은 예수님이십니다. 구속사 가운데 성전은 그 역할을 다했기 때문입니다. 죄 용서의 장소이자 하늘과 땅이 만나는 처소, 하나님 백성의 중심이었던 성전의 시대는 저물고 있었습니다.

예루살렘에 입성해 성전을 정화하시고 성전에서 가르치신 예수님은, 이제 성전 밖에서 자신을 속죄 제물로 삼아 완전한 제사를 하나님께 드리실 것입니다. 이는 구약의 긴 역사 가운데 참된 제사에 거듭 실패했던 이스라엘과는 완전히 대조되는 모습입니다. 예수님은 자신을 속죄 제물과 화목 제물로 드리심으로써 하나님께 철저히 순종하십니다. 예수님은 자신의 백성을 정결케 하고 그들을 위한 구원의 길을 활짝 열어 놓으십니다.

## Lesson 3 속죄 제물, 예수

### 십자가의 의미

성전에서 가르치신 예수님은 이제 죽음을 향해 한발 나아가심으로써 우리의 마지막 대속물이 되십니다. 이것이 바로 십자가가 가진 의미이기도 합니다. 예수님은 우리를 향한 하나님의 진노를 감당하시고 마지막 속죄 제물이 되십니다. 이는 예수님께 전혀 놀라운 일이 아니었습니다. 예수님은 자기 목숨을 많은 사람을 위한 대속물로 주기 위해 이 땅에 오셨다고 이미 말씀하신 적이 있습니다. 예수님은 자신의 죽음과 부활을 예언하셨습니다. 여기서 우리는 십자가 사건이 독립적인 사건이 아니라 예수님의 삶 전체 가운데 정점에 놓인 사건이라는 점에 주목해야 합니다. 그 예가 마태복음에 나옵니다. 마태복음이 두 번이나 인용하는 구약 본문이 하나 있는데, 바로 호세아서입니다.

> 나는 인애를 원하고 제사를 원하지 아니하며(호세아 6:6)

이 본문은 무엇을 의미할까요? 여기서 호세아가 지적하는 문제는 하나님의 백성에게 매우 자주 나타나는 문제였습니다. 그들은 하나님께 희생

이 **언약의 만찬**은 우리를 위해 자기 몸을 내어 주시고, 우리를 위해 자기 피를 흘리시고, 그 보혈을 근거로 **새 언약**을 세우신 그리스도를 가리킵니다.

제물을 바치는 것처럼, 겉으로 행해야 할 의무는 잘 이행했습니다. 반면에 여호와를 사랑하고 그분의 계명을 지키는 헌신의 마음은 자주 놓치고 말았습니다. 백성들은 겉으로는 하나님의 율법을 지켰지만, 마음속으로는 그 율법을 어기며 살았습니다. 이처럼 구약성경에서 줄곧 이분법적으로 나뉘었던 외적인 순종과 내적인 순종은 예수님 안에서 통합됩니다. 예수님은 하나님께 온전한 마음과 흠 없는 제물을 드리는 삶을 직접 사셨습니다. 예수님은 자신의 몸을 하나님께 완전한 제물로 드리며 온전히 순종하셨습니다.

이제 예수님은 십자가에 달리시기 전, 새 언약의 만찬을 우리에게 베풀어 주십니다. 예수님은 보배로운 피로 새 언약을 세우시기 전에, 우리가 예수님을 기억하고 기념할 수 있도록 최후의 만찬을 허락하십니다(마태복음 26장, 마가복음 14장, 누가복음 22장). 예수님은 이때 중의적 의미를 전달하기 위해 '떡'을 사용하여 말씀하시는데, 여기서 떡은 사람들의 굶주림을 채워 줄 뿐 아니라, 그리스도의 사역을 바라보게 합니다. 그리고 최후의 만찬에서 이 떡의 온전한 의미가 드러납니다. 예수님은 떡을 나누어 주며 말씀하십니다. 이어서 잔을 들고 말씀하십니다.

> 이것은 너희를 위하여 주는 내 몸이라(누가복음 22:19)

> 이것은 많은 사람을 위하여 흘리는 나의 피 곧 언약의 피니라(마가복음 14:24)

우리는 여기서 '포도주와 떡'이라는 상징을 통해 예수 그리스도의 '피와 몸'을 봅니다. 포도주와 떡 자체에 능력이 있는 것이 아니라, 그리스도를 가리키는 방식에 능력이 있습니다. 이 언약의 만찬은 우리를 위해 자기 몸을 내어 주시고 자기 피를 흘리신 그 보혈을 근거로 새 언약을 세우신 그리스도를 가리킵니다.

구약 시대에서도 언약의 중재자가 있었습니다. 하나님은 염소나 수소의 피를 통해 언약을 시행하셨습니다. 하지만 그리스도의 새 언약은 다릅니다. 예수님은 온전한 순종의 삶을 사시고 완전한 제물이 되셨습니다. 그분의 존귀한 피에는 권능이 있습니다. 예수 그리스도의 보혈은 새 언약의 기초를 세우는 능력이 됩니다. 예수님은 성경에 나오는 언약의 중재자 중 유일무이한 분입니다. 그분은 이전의 모든 옛 언약을 능가하는 새 언약의 탁월함을 보여 주십니다. 이는 순종의 절정을 보여 준 사건, 구속사뿐만 아니라 온 세계 역사 안에서도 중요한 자리를 차지하는 예수님의 '십자가 사건'으로 이어집니다.

## Lesson 4 십자가, 십자가, 내가 볼 때에

### 예수님의 초자연적 죽음

마태복음과 마가복음의 이야기는 마지막 장면에서 예수님의 시험이라는 원점으로 다시 돌아옵니다. 예수님은 십자가에 달리신 채로 세 번 시험을 당하십니다. 군중은 예수님을 고소하고 그분께 비난과 욕설을 퍼붓습니다. 하나님의 아들이라면 십자가에서 내려와 보라고, 하나님이 당신의 아버지라면 지금 당장 도움을 요청하라고, 다른 사람은 구하면서 왜 자신을 못 구하느냐고, 당신이 그리스도라면 스스로를 구원해 보라고 비방합니다. 물론 예수님은 십자가에서 내려오실 수 있었습니다. 하지만 이번에도 유혹을 거절하십니다. 예수님은 자기 백성을 죄에서 구원하기 원하셨습니다. 그래서 십자가 아래로 내려오지 않고 그곳에 머무르십니다. 역설적이게도 예수님은 십자가 위에서 우리를 구원하십니다.

예수님은 이처럼 고난을 피하라는 시험을 다시 한번 받으십니다. 하지만 예수님은 우리를 위해 자기 피를 흘리십니다. 예수님은 우리의 죄를 위한 화목 제물로서 우리가 받아야 할 하나님의 진노를 대신 감당하십니다. 이것이 바로 예수님이 우리를 죄에서 구원하신 방법입니다.

또한 우리는 십자가를 통해 그리스도의 초자연적 죽음을 봅니다. 마가

예수님은 우리의 죄를 위한 **화목 제물**로서 우리가 받아야 할 **하나님의 진노**를 대신 감당하십니다.

복음 15장에서 마가는 예수님을 초자연적 인물로 그립니다. '이 사람은 누구인가?' '이 모든 기적을 행하는 이 사람은 누구인가?' '마귀를 이기는 이 사람은 누구인가?' 복음서 독자인 우리는 예수님이 하나님의 아들이시라는 사실을 잘 압니다. 예수님이 하나님의 아들이시라는 초자연적 계시가 있었기 때문입니다. 그런데 복음서 마지막 부분을 보면, 예수님이 우리 죄를 위해 죽으신 후에야 그분을 하나님의 아들이라고 고백하는 사람이 등장합니다. 그는 이방인 로마 백부장으로, 십자가형을 감독하는 사람이었습니다. 백부장은 예수님의 사역 마지막에 이르러서야 그리스도가 진정 누구이신지를 비로소 알게 됩니다.

마가복음 15장은 예수님의 죽음의 초자연적 요소를 기록하는데, 바로 성소 휘장이 위로부터 아래까지 찢어지는 장면입니다. 이는 마가복음 1장에서 하늘이 열리던 장면과 비슷합니다. 하나님이 예수님께 직접 말씀하시던 장면입니다. 거룩한 처소와 그렇지 않은 곳을 구분하던 성소 휘장이 찢어짐으로써 그리스도의 사역을 통해 하나님께 자유로이 나아갈 길이 열린 것이죠. 계시의 새 날이 임하고 성전은 이제 그 목적을 다합니다.

또한 예수님의 죽음 그 자체가 초자연적 죽음의 요소입니다. 백부장은 예수님이 죽음을 맞이하신 방식과 그분이 내쉰 마지막 숨을 통해 예수님이 하나님의 아들이라고 확신할 수 있었습니다. 백부장의 고백은 예수님의 정체성에 대한 가장 완전한 고백이었습니다.

> 이 사람은 진실로 하나님의 아들이었도다(마가복음 15:39)

우리 또한 예수님이 하나님의 아들이시라는 사실을 알고 있습니다. 예수님은 다윗의 자손이면서 다윗의 주님이시고, 살아 계신 하나님의 아들이십니다. 십자가에 달리신 예수님의 죽음은 평범한 죽음이 아닌 하나님의 아들의 초자연적 죽음입니다. 또한 온전한 의인의 죽음입니다. 이 모든 것은 예수님의 죽음에 '소망'이 있음을 의미합니다.

# Lesson 5 죽으시고 다시 사신 나의 왕

## 부활의 의미와 중요성

복음서들은 예수님의 '죽음'으로 결말을 맺지 않습니다. 반드시 '부활'을 언급합니다. 예수님은 실제로 죽으셨습니다. 사흘 동안 무덤 속에 계셨습니다. 하지만 복음서는 거기서 끝나지 않습니다. 사복음서 모두 부활을 이야기하고 부활에 대한 약속을 말합니다.

사복음서는 왜 이토록 부활을 중요시하는 걸까요? 부활은 단순히 부활절을 위한 이야기가 아닙니다. 부활은 그리스도의 죽음을 해결하는 사건입니다. 만약 부활이 없다면 예수님은 패배하시고 악인들의 승리만이 남았을 것입니다. 예수님의 무덤이 비어 있지 않았다면, 바울이 말한 것처럼 우리는 여전히 죄 가운데 있을 것입니다. 하지만 완전하고 거룩한 제물이 되신 예수님은 죽음에서 부활하심으로써 그분을 믿는 우리 또한 죽음과 죄로부터 승리를 얻게 하셨습니다. 이것이 초대 교회가 나누었던 설교의 기초입니다. 예수님은 우리 죄를 위해 죽으시고 우리를 의롭게 하기 위해 다시 살아나셨습니다.

특별히 요한복음에서 부활은 인자가 들려 올라가는 일로 등장합니다. 이는 요한복음의 일곱 가지 표적 중 가장 큰 표적입니다. 마리아가 예수님을 붙들려고 하지만 그분은 아직 때가 아니라고 말씀하십니다. 도마는 예수님의 못 자국을 보고 부활하신 예수님을 "나의 주님이시요 나의 하나님이시니이다"(요한복음 20:28)라고 바르게 고백합니다. 부활하신 예수님은 제자들을 향해 숨을 내쉬며 "성령을 받으라"(요한복음 20:22)하고 말씀하십니다. 하나님의 아들, 부활하신 예수님께는 자기 백성에게 하나님의 영을 보낼 권세가 있으십니다. 요한복음에 나타난 부활을 통해 우리는 예수님을 그리스도요 하나님의 아들로 믿어야 합니다.

그렇다면 복음서 전체가 공통적으로 증거하는 부활의 의미는 무엇일까요? 첫째, 부활은 예수님이 하나님의 아들이심을 선언합니다. 예수님은 성부 하나님이 기뻐하시는 아들이면서 동시에 부활을 통해 죽음을 이기신 권능의 주님이십니다. 둘째, 예수님은 자신을 완전한 제물로 바치셨습니다. 메시아이신 예수님은 삶의 모든 영역에서 완전히 순종하셨습니다. 예수님이 죽음에서 부활하신 이유는 죄인이 아니었기 때문입니다. 죄의 권세는 예수님을 이길 수 없습니다. 예수님은 자신의 완전한 삶을 죽음에 내어 주심으로써 죄를 이기셨습니다. 예수님의 이 순종이 바로 의의 기초가 되고, 우리는 그리스도의 완전한 순종에 기초하여 의롭다 여김을 받습니다. 셋째, 부활은 구원 역사의 전환점입니다. 부활과 함께 온 우주를 향한 그리스도의 주권이 실현되었습니다. 이제 우리는 복음이 더 넓은 세상과 민족을 향해 풍성하고 분명하게 전파되는 것을 보게 됩니다. 부활하신 예수님은 제자들을 향해 모든 민족에게 가라고 명령하십니다. 하늘과 땅의 모든 권세를 소유하신 분으로서 명령하십니다.

> 하늘과 땅의 모든 권세를 내게 주셨으니 그러므로 너희는 가서 모든 민족을 제자로 삼아 아버지와 아들과 성령의 이름으로 세례를 베풀

고(마태복음 28:18-19)

구약에서 예언된 하나님의 구원 역사는 메시아의 죽음과 부활에서 끝나지 않습니다. 복음은 모든 족속에게 전파됩니다. 우리는 누가복음에서 예수님의 죽음과 부활을 보았습니다. 그러나 복음이 모든 민족에게 전파되는 결과는 아직 보지 못했습니다. 이 내용은 누가의 두 번째 책인 사도행전에 담겨 있습니다. 이를 통해 우리는 사도행전의 기초가 예수님의 부활과 승천에 있음을 알 수 있습니다. 이것은 누가복음 24장의 성취이며 구약의 성취입니다.

# READING JESUS

**리딩지저스**

**: 그리스도 중심으로 읽는 복음서 3**

예수님은 자기 목숨을 많은 사람의 대속물로 주기 위해 이 땅에 오셨다고 말씀하셨습니다. 이것은 최고의 사랑입니다. 예수님은 어떤 의무감 때문이 아닌, 우리를 향한 사랑 때문에 희생 제물이 되셨습니다. 그분은 십자가의 큰 고난을 견디셨습니다. 이는 하나님을 향한 순종이자 우리를 향한 사랑이었습니다. 따라서 예수님의 죽음과 부활을 믿음으로써 그리스도와 연합된 자들은 그분의 발자취를 따라 사랑하는 삶을 살아야 합니다.

예수님은 무덤에 머물러 있지 않으셨습니다. 죽은 자 가운데서 부활하신 예수님은 하나님 아버지 우편에 앉으셨습니다. 그리고 성령을 보내사 우리 가운데 그분의 사역이 이어지게 하셨습니다. 우리는 그분의 발자취를 따르도록 부름받은 자들입니다.

그리스도를 따르는 데에 고난은 필연적입니다. 하나님을 향한 신실한 순종은 악한 세상과 갈등을 빚기 때문입니다. 하지만 현재의 어려움과 비교할 수 없는 영광이 우리를 기다린다는 사실을 기억해야 합니다. 예수 그리스도께서 머지않아 그분이 계신 곳으로 우리를 부르실 것이고, 현재의 고난은 하나님의 임재 안에서 영원히 누릴 기쁨의 크기와 비교조차 할 수 없기 때문입니다.

# 3부

# 성경 나눔

복음서 3

## 한눈에 보기

예수님의 생애 마지막 일주일은 예루살렘 입성에서부터 시작됩니다. 예수님은 나귀를 타고 예루살렘에 입성하시는 상징적인 방법으로 스가랴 9장 9절의 말씀을 성취하십니다. 사람들은 나귀를 타신 예수님의 뒤를 따르면서 시편 118편의 "여호와여 구하옵나니 이제 구원하소서"라는 뜻의 "호산나"를 외칩니다. 이를 통해 예수님은 자신이 구약에서 약속된 그 메시아임을 밝히 드러내십니다.

예루살렘에 입성하신 예수님은 이스라엘 왕이 마땅히 해야 할 일, 곧 성전을 책임지는 일을 하십니다. 예수님은 성전에서 장사하는 자들을 꾸짖고 책망하십니다(누가복음 19:45-48). 성전을 정화하신 예수님은 "이 성전을 헐라 내가 사흘 동안에 일으키리라"(요한복음 2:19)라고 말씀하십니다. 참된 성전은 예수님이십니다. 죄 용서의 장소이자 하늘과 땅이 만나는 처소, 하나님 백성의 중심이었던 성전의 시대는 저물고 있었습니다.

예수님은 십자가에서 우리의 마지막 대속물이 되십니다. 곧 우리를 향한 하나님의 진노를 감당하시고 최종적인 속죄 제물이 되십니다. 예수님은 십자가에서 피를 흘려 새 언약을 세우기 전에 우리에게 새 언약의 만찬을 주십니다. 여기서 우리는 포도주와 떡이 상징하는 예수 그리스도의 피와 몸을 봅니다. 이 언약의 만찬은 우리를 위해 자기 몸을 내어 주시고, 자기 피를 흘리시고, 그 보혈을 근거로 새 언약을 세우신 그리스도를 가리킵니다. 곧 온전한 순종의 삶을 사시고 완전한 제물이 되신 그리스도께서 자기 피로 세우신 새 언약의 탁월함을 볼 수 있습니다.

광야에서 사탄의 시험을 받으신 예수님은 십자가에 달리신 채로 다시 시험을 받으십니다. 사람들은 예수님께 십자가에서 내려와 스스로를 구원해 보라고 조롱합니다. 하지만 예수님은 십자가에 머물러 자기 백성을 구원하십니다. 또한 우리는 십자가에서 그리스도의 초자연적 죽음을 봅니다. 예수님의 숨이 끊어지실 때 성소의 휘장이 위로부터 아래까지 찢어집니다. 예수님의 죽음을 목격한 로마 백부장은 예수님이 진정 하나님의 아들이라는 고백을 합니다. 십자가에 달리신 예수님의 죽음은 하나님의 아들의 죽음, 곧 온전한 의인의 죽음을 의미합니다.

부활은 그리스도의 죽음을 해결하는 사건입니다. 우리는 부활을 세 가지 의미로 바라볼 수 있습니다. 첫째, 부활은 예수님이 하나님의 아들이심을 보여 줍니다. 예수님은 주 하나님 아버지가 기뻐하시는 아들이시며 동시에 부활을 통해 죽음을 이기신 권능을 가진 분입니다. 둘째, 부활은 예수님이 의로운 분임을 보여 줍니다. 메시아이신 예수님은 삶의 모든 영역에서 온전히 순종하셨습니다. 예수님이 죽음에서 부활하신 이유는 죄인이 아니시기 때문입니다. 우리는 그리스도의 완전한 순종을 기초로 의롭다 여김을 받습니다. 셋째, 부활을 통해 우리는 구원 역사의 전환점을 보게 됩니다. 부활하신 예수님은 제자들을 향해 모든 민족을 제자 삼으라고 명령하십니다(마태복음 28:18-20).

## 성경수업
## 돌아보기

❶ 예수님이 예루살렘에 나귀를 타고 들어오시는 장면은 구약의 성취입니다.
(성경수업 Lesson 1)

**"시온의 딸아 크게 기뻐할지어다 예루살렘의 딸아 즐거이 부를지어다 보라 네 ( )이 네게 임하시나니 그는 공의로우시며 ( )을 베푸시며 ( )하여서 ( )를 타시나니 나귀의 작은 것 곧 나귀 새끼니라"**(스가랴 9:9)

❷ 예루살렘에 입성하신 후 성전을 ( )하시고 성전에서 가르치신 예수님은, 이제 성전 밖에서 자신을 ( )로 삼아 완전한 제사를 하나님께 드리실 것입니다. 예수님은 하나님께 자신을 ( )과 ( )로 드리심으로써 철저하게 순종하셨습니다.

(성경수업 Lesson 2)

❸ 우리는 ( )와 ( )이라는 상징을 통해 예수 그리스도의 ( )와 ( )을 봅니다. ( )와 ( ) 자체에 능력이 있는 것이 아닙니다. 그리스도를 가리키는 방식에 능력이 있습니다. 이 ( )의 만찬은 우리를 위해 자기 몸을 내어 주시고, 우리를 위해 자기 피를 흘리시고, 그 보혈을 근거로 새 ( )을 세우신 그리스도를 가리킵니다. (성경수업 Lesson 3)

❹ 우리는 십자가를 통해 그리스도의 초자연적 죽음을 봅니다. (성경수업 Lesson 4)

- (             )의 고백: **"이 사람은 진실로 (                              )이었도다"**(마가복음 15:39)
- **성소 (        )이 찢어짐: (                              )**을 통해 하나님께 자유로이 나아갈 길이 열림
- **예수님의 (        ):** 살아 계신 하나님의 (        )이시자 온전한 (        )의 죽음

❺ 복음서에서 발견할 수 있는 부활의 의미는 무엇일까요? (성경수업 Lesson 5)

- (        )은 예수님이 하나님의 아들이심을 선언합니다.
- 예수님은 자신을 완전한 (        )로 바치셨습니다.
- 부활은 (        ) 역사의 전환점입니다.

**정답**

1. 왕, 구원, 겸손, 나귀 2. 정화, 속죄 제물, 속죄 제물, 화목 제물 3. 포도주, 떡, 피, 몸, 포도주, 떡, 언약, 언약 4. 백부장, 하나님의 아들, 휘장, 그리스도의 사역, 죽음, 아들, 의인 5. 부활, 제물, 구원

**나눔**

**질문**

❶ 예수님의 죽으심과 부활은 우리에게 영원한 생명이라는 선물과 함께 이제 그분의 발자취를 따라 살아가야 하는 거룩한 의무를 가져다 줍니다. 그러나 말씀대로 살아가려고 할 때 우리는 어떤 어려움들을 직면하게 되나요?

❷ 지금까지 말씀을 지키면서 어떤 것이 가장 힘들었는지 나누고 서로를 격려하는 시간을 가져 봅시다.

❸ 성부 하나님께 순종하여 우리의 구원을 이루신 예수 그리스도를 본받아 말씀에 순종하는 한 주간이 되기 위해 내가 실천할 수 있는 것들을 나누어 봅시다.

## 기도로 함께

## 소망하며

❶ 성경 말씀에 기초해, 찬양과 감사의 기도를 드립니다.

이것을 너희에게 이르는 것은 너희로 내 안에서 평안을 누리게 하려 함이라
세상에서는 너희가 환난을 당하나 담대하라 내가 세상을 이기었노라
요한복음 16:33

❷ 일상의 변화를 소망하며, 회개와 결단의 기도를 드립니다.

❸ 서로를 위해, 또 교회를 위해 기도합니다.

## 시편 95편 1-7절

오라 우리가 여호와께 노래하며
우리의 구원의 반석을 향하여 즐거이 외치자
우리가 감사함으로 그 앞에 나아가며
시를 지어 즐거이 그를 노래하자
여호와는 크신 하나님이시요
모든 신들보다 크신 왕이시기 때문이로다
땅의 깊은 곳이 그의 손 안에 있으며
산들의 높은 곳도 그의 것이로다
바다도 그의 것이라 그가 만드셨고
육지도 그의 손이 지으셨도다
오라 우리가 굽혀 경배하며
우리를 지으신 여호와 앞에 무릎을 꿇자
그는 우리의 하나님이시요
우리는 그가 기르시는 백성이며
그의 손이 돌보시는 양이기 때문이라

# 4

# 복음서 4

**성경읽기** 요한복음 1-21장

**성경수업** 생명의 주님, 예수 그리스도

**성경나눔**

## 복음서 4에 들어가며

교회사 속에서 사복음서는 언제나 동일한 장르로 이해되어 왔습니다. 이 중에서 마태, 마가, 누가의 복음서는 '공관복음'이라고 불립니다. 한편, 요한복음을 읽다 보면 이 복음서가 공관복음과는 조금 다른 면이 있다는 사실을 알게 됩니다. 예수님과 개인적으로 가장 가까웠던 세 제자 가운데 한 명인 요한은 공관복음에서 자주 등장하는 '하나님 나라'라는 용어를 사용하는 대신 예수님의 오심이 어떻게 우리에게 '생명'을 주는지를 이야기하면서, 하나님의 나라가 우리 삶에 어떤 의미인지를 자세히 설명합니다. 또한 요한은 자신의 복음서를 읽는 독자가 팔레스타인에 살든지 에베소에 살든지 관계없이 그 의미를 잘 이해할 수 있도록 빛, 어둠, 물, 빵과 같은 친숙한 이미지를 사용하여 메시지를 전달합니다.

이번 주는 요한복음을 통독하면서, 성경수업을 통해 예수님의 삶과 죽음, 부활의 이야기를 요한의 관점에서 다시 살펴보고자 합니다. 특별히 예수님이 행하신 표적과 믿음, 그리스도 안에 있는 생명이라는 주제 안에서 살펴보겠습니다.

## 리딩지저스 영상

## 안내

**리딩지저스 5권 4강: 복음서 4**

QR코드를 찍으면 '복음서 4' 리딩지저스 영상으로 바로 연결됩니다. 또는 유튜브에서 '리딩지저스 복음서 4'를 검색하여 시청할 수 있습니다. '성경읽기'와 '성경수업'을 시작하기 전에 리딩지저스 영상을 시청하면 도움이 됩니다.

1부 | 성/경/읽/기

QR코드를 찍으면 **리딩지저스 오디오 바이블**로 연결됩니다. 45주 성경통독 일정에 맞추어 제작된 **오디오 바이블**을 통해 매일의 성경통독 분량을 부담 없이 완독할 수 있습니다. 그리스도 중심 성경읽기 《리딩지저스》와 함께하는 성경통독을 통해 하나님과 동행하는 하루하루가 되기를 소망합니다.

## 이번 주 성경읽기 스케줄

| 주일 | 리딩지저스 영상 시청, 성경수업 읽기 | | | |
|---|---|---|---|---|
| | 기본 읽기 | | 핵심 읽기 | |
| 월 | 요 1-4장 | 완독 | 요 3장 | |
| 화 | 요 5-8장 | | 요 6장 | |
| 수 | 요 9-12장 | | 요 11장 | |
| 목 | 요 13-16장 | | 요 14장 | |
| 금 | 요 17-19장 | | 요 19장 | |
| 토 | 요 20-21장 | | 요 21장 | |

## 1일차 태초에 말씀이 계시니라

**기본 읽기** 요한복음 1-4장
**핵심 읽기** 요한복음 3장

요한복음은 세 권의 공관복음서에서 다루지 않는 독특한 이야기들을 전합니다. 특히 요한복음은 예수님이 행하신 일곱 가지 표적을 설명하는 데 집중하기 때문에 그분의 공생애 기간을 연대순으로 묘사하지 않습니다. 이것이 요한복음 통독이 공관복음 통독과는 또 다른 느낌을 주는 이유입니다. 요한복음은 예수님의 탄생으로 시작하지 않습니다. 요한복음은 예수님이 누구시며 그분이 이곳에 왜 오셔야 했는지를 설명하며 시작합니다. 그리고 첫 번째 표적인 가나의 혼인잔치 비유와 두 번째 표적인 가버나움에서 왕의 신하를 고치신 사건을 보여 주며, 세례 요한, 빌립과 나다나엘, 니고데모, 사마리아 여인과의 만남 등의 이야기를 이어갑니다.

## 2일차 생명의 떡, 생수의 강, 생명의 빛

**기본 읽기** 요한복음 5-8장
**핵심 읽기** 요한복음 6장

요한복음 6장에서 예수님은 자신을 만나에 빗대어 표현하십니다. 그분은 자신을 '생명의 떡'이라고 부르십니다. 예수님은 오병이어의 기적을 통하여 사람들에게 자신의 정체를 보이시지만, 사람들은 예수님이 '생명의 떡'이심을 알아차리지 못합니다. 그들은 단순히 떡을 먹고 배부른 나머지 예수님을 따라다닐 뿐이었습니다. 예수님이 자신을 따라다니는 무리에게 자신이 누구인지를 설명하시자 그 답변에 실망한 많은 사람들이 예수님을 떠나갑니다. 이후 예수님은 유대인의 명절을 지키기 위하여 예루살렘에 올라가십니다. 그곳에서 예수님은 자신을 '생수의 강'이라고 설명하십니다. 바리새인들은 예수님을 알아보지 못한 채 도리어 그분을 잡으려고 합니다.

**3일차** **부활이요 생명이신 예수님**

**기본 읽기** 요한복음 9-12장
**핵심 읽기** 요한복음 11장

예수님은 태어나면서부터 앞을 보지 못한 시각장애인을 치유하십니다. 치유받은 그는 예수님을 증언하면서 바리새인들에게 말합니다. "당신들은 그가 어디서 왔는지 알지 못하는도다." 이 사건 이후 예수님은 양의 우리와 목자의 비유를 들어 자신을 '선한 목자'로 묘사하십니다. 이 말을 들은 바리새인을 위시한 무리는 예수님을 돌로 치려고 합니다. 이후 나사로가 위독하다는 소식을 듣게 된 예수님은 베다니로 향하십니다. 예수님은 나사로를 살리시면서 자신을 "부활이요 생명"이라고 선포하십니다. 마침내 예수님은 구원을 이루기 위하여 예루살렘으로 향하십니다. 그러는 중에 바리새인과 제사장 무리는 예수님뿐만 아니라 나사로까지 죽이려고 모의합니다.

**4일차** **길이요 진리요 생명이신 주님**

**기본 읽기** 요한복음 13-16장
**핵심 읽기** 요한복음 14장

요한은 예수님의 마지막 설교를 13장부터 16장까지 길게 기록합니다. 예수님은 제자들의 발을 씻기시고 새 계명을 주십니다. 가룟 유다가 배반할 것과 베드로가 예수님을 부인할 것이라는 예언도 하십니다. 불과 몇 시간 후면 이 평화로운 시간은 끝나고 말 것입니다. 예수님은 십자가에 달리시고 제자들은 흩어지게 될 것입니다. 예수님은 제자들에게 마지막 당부를 하시고, 자신을 가리켜 "길이요 진리요 생명"이라고 선포하십니다. 또한 예수님 안에 거하는 자가 열매를 맺을 것이라고 말씀하시고, 두려워하는 이들을 위하여 보혜사 성령님을 보내시겠다고 예고하십니다. 예수님은 그분 자신이 세상을 이겼다고 선포하시며 제자들을 끝까지 사랑하고 위로하십니다.

## 5일차 다 이루었다

**기본 읽기** 요한복음 17-19장
**핵심 읽기** 요한복음 19장

끝내 마지막 순간이 다가옵니다. 예수님을 판 가룟 유다가 한 무리의 군인들을 이끌고 예수님을 체포하러 옵니다. 예수님은 대제사장 가야바의 장인인 안나스의 집에서 빌라도의 관정으로 옮겨져 판결을 받으십니다. 빌라도가 예수님의 십자가 처형 여부를 군중에게 묻자 그들은 예수님을 십자가에 못 박으라고 외칩니다. 결국 빌라도는 예수님을 그들에게 내어 주고, 예수님은 십자가에 못 박히십니다. 예수님은 "다 이루었다"하고 외치며 구약의 예언을 성취하면서 십자가에서 돌아가십니다. 인류를 향한 하나님의 구원 사역은 이렇게 완성됩니다.

## 6일차 나의 주, 나의 하나님

**기본 읽기** 요한복음 20-21장
**핵심 읽기** 요한복음 21장

예수님의 부활과 관련하여 요한복음은 공관복음과 다른 이야기를 소개합니다. 부활하신 예수님을 목격한 제자들은 예수님을 보고 기뻐하지만, 그 자리에 없었던 도마는 "그분의 손과 발을 직접 보기 전에는 믿지 않겠다"고 말합니다. 그런 도마에게 예수님은 친히 자신의 손과 발을 보여 주시고, 도마는 예수님께 엎드려 "나의 주, 나의 하나님"이라고 고백합니다. 한편 예수님은 다시 어부가 된 제자들을 찾아가십니다. 뭍으로 올라온 제자들에게 예수님은 직접 숯불에 구운 생선을 나누어 주시며 함께 식사를 하십니다. 식사가 끝나자 예수님은 베드로에게 세 번에 걸쳐서 "나를 사랑하느냐"하고 물으십니다. 베드로의 대답을 들은 예수님은 그에게 새로운 사명을 부여하십니다. 요한은 예수님의 모든 삶을 기록하지 못한 아쉬움을 드러내며 요한복음을 마무리합니다.

# 2부

# 성/경/수/업

# 생명의 주님,
# 예수 그리스도

예수께서 이르시되
나는 생명의 떡이니
내게 오는 자는
결코 주리지 아니할 터이요
나를 믿는 자는
영원히 목마르지 아니하리라

요한복음 6장 35절

## Lesson 1 온전한 표적이신 예수 그리스도

### 표적의 목적

예수님은 분명한 의도를 가지고 기적을 행하셨습니다. 기적들을 통해 예수님은 자신이 누구인지, 하나님의 나라가 어떤 모습인지를 보여 주고자 하셨습니다. 그렇기 때문에 우리는 이런 기적들을 '표적'이라고 부릅니다. 요한복음의 구조는 표적과 믿음을 중심으로 이루어져 있습니다. 많은 학자들이 요한복음 1장 1-18절을 서문으로, 1장 19절에서 12장을 이른바 표적의 책(Book of Signs)으로, 13장에서 20장을 영광의 책(Book of Glory)으로, 그리고 21장을 결론으로 분류합니다. 여기서 요점은 요한복음의 구조를 나누는 단서가 표적과 연결된다는 점입니다. 그래서 우리가 표적을 읽는 방식은 요한이 우리에게 전달하는 내용을 이해하는 데 중요합니다.

요한복음에 기록된 표적들은 우리에게 무척 친숙합니다. 요한복음에는 총 일곱 가지의 표적이 나옵니다. 가나의 혼인 잔치에서 물을 포도주로 변화시킨 일(2장), 가버나움의 귀족 아들을 말씀으로 고치신 일(4장), 베데스다 연못가의 서른여덟 해 된 병자를 고치신 일(5장), 오천 명과 무리를 먹이신 일(6장), 날 때부터 눈먼 자를 고치신 일(9장), 죽은 나사로를 살리신 일(11장)이 순서대로 요한복음에 등장합니다. 그리고 마지막 일곱 번째 표적

표적을 제대로 본다는 말은 **믿음**을 갖는다는 뜻입니다. 그것은 **표적이 가리키는 대상**에 대한 믿음이고, 그 대상은 하나님의 아들이신 **예수 그리스도**이십니다.

은 그리스도의 죽음과 부활입니다. 여기서 눈여겨볼 것은 요한복음 안에 몇 개의 표적이 기록되었는지가 아니라, 표적에 대한 사람들의 반응입니다. 요한은 예수님이 행하신 표적을 많은 사람들이 보았지만, 믿지 않았다고 말합니다.

이렇게 많은 표적을 그들 앞에서 행하셨으나 그를 믿지 아니하니(요한복음 12:37)

이 시점에서 예수님은 공적 사역을 마무리하십니다. 사람들은 육신을 입은 예수님을 실제로 보았고, 그분의 메시지를 들었고, 그분의 표적을 보았으며, 그분이 왜 이런 일을 행하시는지 구약성경의 배경도 들었음에도 불구하고 예수님을 믿지 않았습니다. 많은 사람들이 예수님이 행하신 표적을 보았지만 참된 믿음을 갖지 못했습니다.

이제 우리는 그분이 행하신 표적들이 무엇을 이루었는지 살펴보아야 합니다. 표적을 제대로 본다는 말은 믿음을 갖는다는 뜻입니다. 곧 표적이 가리키는 대상에 대한 믿음입니다. 그리고 그 믿음의 대상은 하나님의 아들이신 예수 그리스도이십니다. 표적은 도로 표지판과 같은 역할을 합니다. 예를 들어, 휴가철에 어딘가로 운전해서 가다가 목적지를 가리키는 표지판을 보았다고 합시다. 그런데 그 표지판 앞에서 가던 길을 멈추고 차에서 내려 표지판 앞에서 사진을 찍고 표지판 옆에서 텐트를 치고 그곳에서 시간을 보낸 후 집으로 돌아가는 사람은 없을 것입니다. 왜냐하면 표지판은 실상이 아니기 때문입니다. 마찬가지로 예수님이 우리에게 보여 주신 표적은 표적 너머의 실체를 가리키기 위함이지 그 자체에 목적이 있는 것이 아닙니다. 그 표적 너머의 실체를 이해하기 위해서는 진정한 믿음이 요구됩니다.

요한복음은 우리에게 단순히 성경을 읽는 것을 넘어서 믿음의 눈을 가지고 읽을 것을 권합니다. 그리고 이 놀라운 표적을 행하시는 분이 우리에게 생명을 주시는 분이라는 사실을 믿어야 한다고 말합니다. 하나님 나라에 참여하기 위해서는 믿음이 필요합니다. 예수 그리스도의 말씀에 대한 신뢰가 필요합니다. 하나님을 기쁘시게 하는 것이 무엇인지, 하나님의 나라를 살아 낸다는 것이 무슨 뜻인지 알기 위해서는 반드시 믿음이 요구됩니다.

## Lesson 2 태초에 말씀이 계시니라

### 요한복음의 서문

요한복음은 공관복음과 다른 방식으로 시작됩니다. 요한복음의 서문(1:1-18)은 신약성경에서 가장 중요한 본문 중 하나입니다. 예수님이 하나님의 아들이라는 사실이 본질적으로 무엇을 뜻하는지를 가르쳐 주기 때문입니다.

> 태초에 하나님이 천지를 창조하시니라(창세기 1:1)

> 태초에 말씀이 계시니라 이 말씀이 하나님과 함께 계셨으니 이 말씀은 곧 하나님이시니라(요한복음 1:1)

구약성경의 시작을 알리는 창세기 1장 1절은 요한복음 서문의 중요한 배경이 됩니다. 요한복음 1장 1절은 창조 서사를 상기시키고, 그 '말씀'이 곧 예수님이심을 고백합니다. 요한복음의 모든 본문은 이 서문에 비추어 읽어야만 합니다. 요한복음에서 우리가 만나는 예수님은 우리의 창조주로서 세상이 시작되기 전에 계셨고, 세상은 그분으로 말미암아 창조되었습니다(요한복음 1:10). 예수님은 창조주로서 성취하실 모든 일을 약속하셨습니다. 이를 생각할 때 예수님의 낮아지심과 십자가 사건은 훨씬 더 놀라운 사실이 됩니다. 창조주가 우리의 수준까지 자신을 낮추시고, 자신의 손을 더럽히시고, 우리를 위해 고통당하셨습니다. 그렇게까지 하신 목적은 "그를 믿는 자마다 영생을 얻게"(요한복음 3:15) 하시기 위함입니다.

또한 요한복음의 서문에는 삼위일체의 풍성한 내용이 담겨 있습니다. 아버지와 아들과 성령은 세 위격을 지니신 한 분 하나님이십니다. 우리가 기억해야 할 것은 삼위일체 하나님의 활동이 통합된 그분의 역사에서 나타난다는 점입니다. 따라서 요한복음의 이야기는 이 세상에서 역사하고 활동하시는 성부, 성자, 성령 하나님 모두를 드러냅니다.

예수님은 우리와 동일한 육체를 입으셨지만, 그분 안에는 "신성의 모든 충만"(골로새서 2:9)이 있습니다. 구약에서 하나님의 영광이 성막과 성전에 나타난 것처럼, 이제는 육신을 입고 오신 아들 예수 그리스도를 통해 하나님의 더 큰 영광이 드러납니다.

> 말씀이 육신이 되어 우리 가운데 거하시매 우리가 그의 영광을 보니 아버지의 독생자의 영광이요 은혜와 진리가 충만하더라(요한복음 1:14)

그 누구도 우리를 하나님의 손에서 빼앗을 수 없는 이유는 그분이 곧 창조주이시며 삼위일체 하나님이시기 때문입니다. 그러므로 우리는 믿음으로 우리 자신을 그분께 맡길 수 있습니다.

## Lesson 3 예수의 표적들

### 참 믿음의 반응

요한복음 2장에서 예수님은 가나 혼인 잔치에서 물을 포도주로 변화시키시는 첫 번째 표적을 보여 주십니다. 하나님의 나라는 기쁨으로 가득 찬 혼인 잔치와 같습니다. 예수님은 이 표적을 통해 자신이 우리의 신랑되심을 나타내십니다. 그리고 3장에서 예수님은 니고데모를 만나십니다. 니고데모는 예수님의 표적을 보고 하나님이 그분과 함께하신다는 사실을 깨닫습니다. 그는 밤에 예수님을 찾아옵니다. 니고데모의 질문에 예수님은 깨달음만으로는 충분하지 않고, 하나님의 아들을 믿음으로써 거듭나야 한다고 강조하십니다. 예수님의 표적을 그저 머리로 아는 것만으로는 충분하지 않습니다. 우리는 예수님이 누구신지 알고 적극적으로 그분을 믿어야 합니다. 그럴 때 비로소 예수님의 이름 안에 생명이 있음을 알게 될 것입니다.

요한복음 5장과 9장에는 걷지 못한 채 38년을 산 병자와 평생을 시각장애인으로 산 사람이 각각 등장합니다. 예수님이 그들을 고쳐 주신 일은 누구도 들어본 적 없는 이례적인 사건이었습니다. 5장과 9장의 이야기는 여기서 끝나지 않고 이렇게 이어집니다.

이날은 안식일이니(요한복음 5:9)

예수께서 진흙을 이겨 눈을 뜨게 하신 날은 안식일이라(요한복음 9:14)

예수님 당시 종교 지도자들은 성경에 나와 있지 않은 규칙들을 지정해 두었습니다. 그렇게 함으로써 율법에 대한 자신들의 이해를 공고히 하고 율법을 범하지 않도록 자신을 지켰습니다. 하지만 그들은 성경에 있지도 않은 새로운 규칙을 만들어 냈습니다. 그래서 예수님이 행하신 기적을 목격한 종교 지도자들은 안식일에 치유받은 병자를 책망합니다. 또한 안식일에 병자를 고치신 예수님까지 비난합니다. 여기서 더 흥미로운 장면은 고침을 받은 이의 반응입니다. 5장에서 고침을 받은 사람은 이 사건에 자신도 연루될까 봐 두려워 예수님을 밀고합니다(요한복음 5:15). 그는 자신을 향한 종교 지도자들의 비난을 두려워했고, 궁극적으로 예수님을 탓합니다. 반면 9장에서 고침을 받은 인물은 종교 지도자들의 비판에 응수하며 자신의 나음이 하나님으로부터 온 것임을 변호합니다. 그리고 예수님을 다시 만났을 때 망설이지 않고 반응하는 참 믿음의 모습을 보입니다(요한복음 9:38). 요한복음은 우리로 하여금 5장의 인물이 아닌, 9장의 인물처럼 되도록 독려합니다.

5장에 이어 6장에서 예수님은 네 번째 표적을 통해 자신이 무리의 필요를 공급하시고 그들을 먹이시는 분임을 보여 주십니다. 이처럼 예수님은 하늘로부터 온 '생명의 떡'이십니다. 그분은 우리가 생명을 얻을 수 있도록 자신의 살과 피를 내어 주신 분입니다. 그리고 9장에 이어 10장에서 예수님은 자신을 '선한 목자'라고 칭하십니다. 삯꾼은 위험이 닥칠 때 돌아서 도망치며 자신을 지키기에 급급하지만, 선한 목자는 그렇지 않습니다.

죽음은 비통과 비탄을 불러일으키는 가장 무서운 존재입니다. 이 고통스러운 **죽음의 위력** 앞에서 예수님은 자신을 가리켜 **부활**이자 **생명**이라고 선포하십니다.

그는 자신의 양 떼를 압니다. 양 떼도 주인을 알고 따릅니다. 선한 목자는 양을 위해 자기 목숨을 버립니다. 삯꾼은 그렇게 하지 않을 것입니다. 예수님은 구약성경에서 소망하던 다윗의 반차를 따른 선한 목자로서 자기 목숨을 버리면서까지 자신의 양 떼에게 풍성한 생명을 주시는 분입니다. 5장에 이어 6장에서 요한복음에서 가장 인상적인 표적은 죽은 지 나흘 된 나사로를 살리신 일입니다. 이를 통해 우리는 이전과는 다른 차원의 영광을 그리스도께서 드러내시는 것을 볼 수 있습니다. 그리고 예수님이 자신의 백성을 얼마나 사랑하시는지를 알 수 있습니다. 죽음은 우리의 가장 큰 두려움의 대상이고 마지막 원수입니다. 사랑하는 사람의 죽음이든 우리 자신의 죽음이든 죽음은 비통과 비탄을 불러일으키는 가장 무서운 존재입니다. 이 고통스러운 죽음의 위력 앞에서 예수님은 자신을 가리켜 부활이자 생명이라고 선포하십니다.

> 예수께서 이르시되 나는 부활이요 생명이니 나를 믿는 자는 죽어도 살겠고 무릇 살아서 나를 믿는 자는 영원히 죽지 아니하리니 이것을 네가 믿느냐(요한복음 11:25-26)

예수님은 언젠가 부활이 있을 것이라고 말씀하시지 않습니다. 자신이 곧 "부활이요 생명"이라고 말씀하십니다. 이는 죽은 나사로를 살리심으로써 증명된 말씀이자, 예수님의 부활을 예고하시는 말씀입니다.

이 시점부터 수많은 유대인이 예수님을 믿게 됩니다. 그러나 이는 당시 종교 지도자들의 뇌관을 건드리는 사건이었습니다. 그래서 결국 일곱 번째 표적이자 가장 절정의 표적인 그리스도의 십자가 죽음 사건이 야기됩니다. 예수님은 십자가에서 죽음을 이기실 것입니다. 예수님은 십자가 죽음 전에 제자들과 이별을 고하시며 작별 담화를 나누십니다. 이제 그 내용을 함께 살펴볼 것입니다.

## Lesson 4　자기 사람들을 사랑하시되 끝까지 사랑하시니라

### 약속의 성취와 새 계명

예수님은 잡히시기 전날 밤 제자들과 다락방에 모이셨고, 그 자리에서 매우 충격적인 행동을 하십니다. 예수님이 종의 모습을 하고 제자들의 발을 씻겨 주신 것입니다. 발을 씻겨 주는 일은 상식적으로 하인이 하는 일이었습니다. 랍비와 지도자의 몫이 아니었습니다. 고대 세계의 도로 상태와 운송 수단은 오늘날과 달랐습니다. 포장된 도로도 적절한 하수 처리 장치도 없었습니다. 그래서 외출하고 온 뒤에는 꼭 발을 씻어야 했습니다. 거리가 아무리 깨끗하더라도 발은 특히 더 더럽혀질 수밖에 없었습니다. 여기서 예수님은 단순히 종의 역할만 하지 않으십니다. 수건을 두르고 땅에 엎드려 실제로 발을 씻기십니다. 심지어 더러운 발을 씻기십니다. 이 모습을 본 베드로가 깜짝 놀랍니다.

예수님은 말과 행동이 일치하시는 분입니다. 그분이 하나님의 나라에서 가장 큰 자는 섬기는 자라고 말씀하십니다. 이는 세상의 가치를 뒤집는 말씀입니다. 세상은 강하고 능력 있는 사람을 위대한 사람으로 여기지만, 하나님 나라에서는 가장 작은 사람이 가장 위대한 사람입니다. 가장 작은 자는 현재 가장 존경받는 사람이 아닐 수도 있습니다. 하지만 하나님 아버지

예수님은 **말과 행동**이 일치하시는 분입니다. 그분은 하나님의 나라에서 가장 큰 자는 **섬기는 자**라고 말씀하십니다.

께서 그 작은 자를 지켜보고 계십니다. 그리고 훗날 그 사람을 높이실 것입니다. 가장 낮은 위치에서 제자들의 발을 씻기신 예수님의 사랑의 모습은 십자가의 사랑을 예고하고 있었습니다. 예수님은 생애 마지막 순간에도 섬김의 모범을 보여 주시며 이렇게 말씀하십니다.

> 새 계명을 너희에게 주노니 서로 사랑하라 내가 너희를 사랑한 것같이 너희도 서로 사랑하라 너희가 서로 사랑하면 이로써 모든 사람이 너희가 내 제자인 줄 알리라(요한복음 13:34-35)

예수님의 마지막 말씀은 16장 끝부분까지 이어집니다. 이때 전한 예수님의 말씀은 특별히 위로와 관련이 있습니다. 그분은 앞날을 불안해하고 걱정하는 이들을 위로하십니다. 예수님은 제자들에게 삼위일체 하나님을 설명해 주시며 제자들을 위로하십니다. 아버지와 자신과의 관계에 대해 말씀하시고, 오실 성령의 역할에 대해 가르치시고, 그리스도와의 연합에 대해 말씀하심으로써 제자들을 위로하십니다.

예수님은 "너희는 마음에 근심하지 말라 하나님을 믿으니 또 나를 믿으라"(요한복음 14:1)라는 말씀으로 시작하여 "내가 곧 길이요 진리요 생명이니 나로 말미암지 않고는 아버지께로 올 자가 없느니라"(요한복음 14:6)라고 말씀하십니다. 이 구절은 그리스도께서 왜 우리의 유일한 구원의 방편이신지를 상기시켜 줍니다. 구원의 길을 제시하는 분은 하나님 자신이어야 합니다. 어떤 종교 교사도 이 일을 하기에 합당하지 않습니다. 참 하나님이자 참 사람이신, 영원하신 하나님의 아들 예수 그리스도만이 구원자가 되십니다. 그분은 "내가 곧 길"이라고 말씀하십니다. 이를 믿음으로 우리는 그분과 연합하여 생명을 얻습니다.

요한복음 16장에 나타난 성령 강림 내용은 구속사의 전환점을 보여 줍니다. 예수님은 우리를 위해 육신의 고난을 감당하시고 아버지께로 돌아가셨습니다. 이제 드높여진 메시아의 시대로 들어선 것입니다. 그리고 성령께서 임하십니다. 그리스도와 연합된 자들은 성령을 통해 부활하신 그리스도께서 하나님 아버지의 보좌 우편에 계신다는 사실을 믿습니다. 또한 그리스도께서 모든 권세로 세상을 다스리시며 곧이어 다시 오실 것이라는 확신을 갖습니다. 성령은 "또 다른 보혜사"로 표현됩니다. 성령님은 우리가 그리스도의 일을 계속 해 나갈 수 있도록 힘과 도움을 주십니다. 특히 우리가 예수님의 계명을 지킬 수 있도록 우리를 도우십니다. 예수님은 우리가 그분을 사랑한다면 그분의 말씀을 행할 것이라고 거듭 말씀하십니다. 성령을 받은 자로서 우리는 그리스도의 일, 곧 하나님을 사랑하고 이웃을 사랑하라는 부르심을 받았습니다. 그리고 성령의 능력을 힘입어 이 일을 행할 수 있게 되었습니다. 이것은 구약성경의 선지자들이 소망하고 선포했던 약속의 성취입니다.

## Lesson 5 보지 못하고 믿는 자들은 복되도다

### 요한복음의 목적

요한복음은 사복음서 가운데 그 어느 책보다 다채롭고 풍성한 부활의 서사를 들려줍니다. 제자들에게 찾아오시는 예수님, 예수님과 마리아, 예수님과 도마 이야기 등 부활 이후의 모든 이야기는 각각 그 의미가 있습니다. 부활의 맥락 안에서 예수님은 도마에게 약속을 주십니다. "너는 나를 본 고로 믿느냐 보지 못하고 믿는 자들은 복되도다"(요한복음 20:29). 예수님은 부활하신 그분의 육신을 보지 못하고도 여전히 부활을 믿는 자들을 염두에 두고 말씀하십니다. 그리고 30절은 이렇게 이어집니다. "예수께서… 다른 표적도 많이 행하셨으나." 표적은 그리스도께서 누구신지를 보여 주는 요소입니다. 우리는 표적을 믿음으로 보아야 합니다. 이것이 바로 요한복음이 기록된 목적입니다.

> 오직 이것을 기록함은 너희로 예수께서 하나님의 아들 그리스도이심을 믿게 하려 함이요 또 너희로 믿고 그 이름을 힘입어 생명을 얻게 하려 함이니라(요한복음 20:31)

마치 요한복음은 20장에서 끝나 버리는 인상을 줍니다. 하지만 그렇지 않습니다. 이에 앞서 18장에는 베드로가 예수님을 부인하는 장면이 나옵니다. 베드로는 예수님을 위해 목숨까지 버리겠다고 말했지만, 결국 그분을 부인하고 맙니다. 예수님이 체포되어 재판을 받고 계신 그 밤, 베드로는 가까운 곳에서 숯불을 쬐고 있었습니다. 주변 사람들이 베드로를 알아보고 예수의 제자가 아니냐고 하자, 그는 아니라며 예수님을 부인합니다.

그런데 21장에서 우리는 예수님이 베드로를 회복하시는 장면을 마주하게 됩니다. 제자들이 기적적으로 고기를 잡는 장면입니다. 베드로는 해변에 서 있는 사람이 예수님인 것을 알아차리자마자 배에서 뛰어내려 그분을 향해 갑니다. 예수님은 숯불 곁에서 제자들을 기다리다가 지금 잡은 생선을 가져오라고 하십니다. 제자들과 함께 조반을 드신 뒤 예수님은 베드로에게 "나를 사랑하느냐"하고 세 번 물으십니다. 그리고 "내 양을 먹이라"라고 세 번 말씀하십니다. 여기서 우리는 베드로를 회복하시는 주님을 볼 수 있습니다. 예수님은 베드로를 대표로 하여 모든 제자에게 사명을 주십니다.

그리스도의 사랑은 가히 놀랍습니다. 베드로가 부인했음에도 불구하고 그리스도께서는 끝까지 그를 사랑하십니다. 아마 베드로는 예수님이 붙잡히신 날 자신이 숯불 주변에 있던 시간을 종종 떠올리며 슬픔과 자책에 잠겼을 것입니다. 이제 우리는 또 다른 숯불을 봅니다. 예수님은 자신을 부인한 베드로를 회복시키기 위해 또 다른 숯불 앞에 계십니다. 이것이 바로 예수님의 사랑입니다. 그분의 자비와 은혜입니다. 예수님은 우리에게 생명을 주시기 위해 지금도 우리를 부르십니다.

# READING JESUS

**리딩지저스**

**: 그리스도 중심으로 읽는 복음서 4**

요한복음은 우리에게 그리스도가 어떤 분인지를 보여 줍니다. 그래서 요한복음을 읽을 때 우리는 예수님이 하나님의 아들이자 그리스도이시고, 그 진리를 믿는 자는 생명을 얻게 된다는 요한복음의 핵심을 놓치지 말아야 합니다. 예수님 시대의 종교 지도자들은 성경이 무엇을 말하는지 안다고 확신했지만, 모세가 그리스도에 관해 이야기하고 있음은 간과했습니다. 또한 모세의 말씀을 아는 것만으로는 생명을 얻을 수 없다는 것, 곧 성경 지식을 쌓고 많은 구절을 암송하는 것으로는 생명을 얻을 수 없다는 사실을 간과했습니다. 이들의 모습처럼 성경을 열심히 읽으면서도 요점을 놓치는 경우가 많습니다. 성경 전체를 외울만큼 지식적으로 잘 안다 할지라도 그것이 우리를 생명으로 인도하지 않습니다. 생명은 그리스도를 통해 옵니다. 우리는 성경을 통해 그리스도를 보아야 합니다. 그리고 그리스도를 사랑한다면, 우리는 그분의 명령을 행할 것입니다. 우리가 지혜를 얻고자 한다면, 우리는 그분의 말씀을 실천할 것입니다. 이것이 신약성경이 우리에게 가르치는 믿음과 행위의 일치입니다.

# 3부
# 성경 나눔

## 복음서 4

## 한눈에 보기

요한복음의 중심 구조는 '표적'과 '믿음'입니다. 그래서 표적을 읽는 방식은 요한복음이 전달하는 내용을 이해하는 데 매우 중요합니다. 요한복음에는 총 일곱 개의 표적이 등장하는데, 여기서 주목할 점은 표적을 보고 난 후 사람들의 반응입니다. 많은 사람이 예수님이 행하신 표적을 보았지만 표적이 가리키는 대상이신 하나님의 아들 예수 그리스도에 대한 참 믿음을 갖지 못했습니다(요한복음 12:37). 이처럼 성경 지식은 있지만 그 안에서 진리를 깨닫는 믿음을 찾기 힘든 오늘날, 우리는 이 놀라운 표적을 행하신 분이 우리에게 생명을 주시는 분임을 알고 믿어야 합니다.

요한복음의 서문은 창세기 1장 1절의 창조 서사를 상기시킵니다. 예수님은 우리의 창조주로서 세상이 시작되기 전에 계셨고, 그분으로 말미암아 세상이 창조되었습니다(요한복음 1:10). 예수님은 창조주로서 행하실 모든 약속을 주셨습니다. 이를 생각할 때 그분의 낮아지심과 십자가 사건은 경이롭게 다가옵니다. 창조주가 "그를 믿는 자마다 영생을 얻게"(요한복음 3:15) 하시기 위해, 우리 수준까지 자신을 낮추시고, 우리를 위해 고통을 당하신 것입니다. 따라서 아무도 우리를 그분의 손에서 빼앗을 수 없습니다. 그분은 창조주이시고 삼위일체 하나님이시기 때문입니다.

예수님은 첫 표적으로 가나 혼인 잔치에서 물을 포도주로 변화시키십니다. 이를 통해 하나님의 나라는 기쁨의 혼인 잔치이며 그분이 우리의 신랑되심을 보여 주십니다(요한복음 2장). 이어서 예수님은 여러 표적을 통해 자신이 양 떼를 위해 목숨을 버리는 선한 목자이며, 하늘로부터 온 생명의 떡임을 보여 주십니다(요한복음 6장). 그리고 죽은 지 나흘 된 나사로를 살리신 표적을 통해 이전과는 다른 차원의 영광, 곧 부활이자 생명이신 자신을 나타내십니다(요한복음 11:25-26).

예수님은 잡히시기 전날 밤, 종의 모습을 취하여 제자들의 발을 씻겨 주십니다. 이는 복음서 전반에서 예수님이 제자들에게 가르치신 말씀, 곧 하나님 나라에서 가장 큰 자는 섬기는 자라는 말씀과 일치합니다. 예수님은 생애 마지막 순간에도 섬김의 모범을 보여 주시며 제자들에게 새 계명을 주셨습니다(요한복음 13:35). 그리고 가장 낮은 자리에서 섬기시는 사랑의 모습을 통해 곧 다가올 십자가의 사랑을 예고하십니다. 예수님은 삼위일체 하나님과 곧 강림하실 성령의 역할, 그리고 그리스도와의 연합에 관해 설명하시며 불안해하는 제자들을 위로하십니다. 예수 그리스도는 참 하나님이자 참 사람으로서 우리의 유일한 구원의 방편이 되십니다.

요한복음은 다채롭고 풍성한 부활의 서사를 보여 줍니다. 부활의 맥락 안에서 예수님은 도마에게 약속을 주십니다. 예수님은 부활하신 그분의 육신을 보지 못하고도 여전히 부활을 믿는 자들을 염두에 두고 말씀하십니다. 요한복음 마지막 장은 예수님을 세 번 부인했던 베드로를 예수님이 회복하시고, 암묵적으로 모든 제자에게 사명을 주시는 장면을 통해 구주 예수님의 크신 사랑과 자비와 은혜를 보여 줍니다.

## 성경수업 돌아보기

❶ 요한복음의 구조는 (            )과 (            )을 중심으로 이루어져 있습니다. 여기서 요점은 요한복음의 구조를 나누는 단서가 (            )과 연결된다는 점입니다. (성경수업 Lesson 1)

❷ (            )을 제대로 본다는 말은 믿음을 갖는다는 뜻입니다. 곧 (            )이 가리키는 대상에 대한 믿음입니다. 그리고 그 믿음의 대상은 하나님의 아들이신 예수 그리스도이십니다. 예수님이 우리에게 보여 주신 (            )은 표적 너머의 실체를 가리키기 위함이지 그 자체에 목적이 있는 것은 아닙니다. 그 (            ) 너머의 실체를 이해하기 위해서는 진정한 (            )이 요구됩니다. (성경수업 Lesson 1)

❸ 예수님은 자신을 가리켜 (            )이자 (            )이라고 선포하십니다. 예수님은 언젠가 (            )이 있을 것이라고 말씀하시지 않았습니다. 그분이 곧 "(            )이요 (            )"이라고 말씀하십니다. 이는 죽은 나사로를 살리심으로써 증명하신 말씀이자, 자신의 죽음 이후의 부활을 예고하시는 말씀입니다. (성경수업 Lesson 3)

❹ 요한복음 14장 1절과 6절은 그리스도께서 왜 우리의 유일한 (          )의 방편이신지를 상기시켜 줍니다. 참 하나님이자, 참 사람이신, 영원하신 하나님의 아들 예수 그리스도만이 (          )하실 수 있습니다. 그분은 "내가 곧 (          )"이라고 말씀하십니다. 우리는 믿음으로 그분과 (          )됨으로써 생명을 얻습니다. (성경수업 Lesson 4)

❺ 우리는 예수님이 (                    )이자 (                    )이심을 믿어야 합니다. 이 진리를 믿는다면, 우리는 생명을 얻게 될 것입니다. (리딩지저스)

❻ **"예수께서 이르시되 내가 곧 (          )이요 (          )요 (          )이니 나로 말미암지 않고는 (          )께로 올 자가 없느니라"(요한복음 14:6)**

**정답**

1. 표적, 믿음, 표적 2. 표적, 표적, 표적, 표적, 믿음 3. 부활, 생명, 부활, 부활, 생명 4. 구원, 구원, 길, 연합 5. 하나님의 아들, 그리스도 6. 길, 진리, 생명, 아버지

## 나눔
## 질문

❶ 성경은 분명하고 확실하게 예수님만이 구원의 길이시라고 말합니다. 그러나 우리 주변에는 성경의 주장은 편협하다고 비난하며 우리를 다른 길로 유혹하는 목소리들이 있습니다. 나는 예수님만이 구원의 유일한 길이심을 믿나요?

❷ 자기 백성을 사랑하시되 끝까지 사랑하신 우리 주님께 나는 얼마나 사랑을 표현하고 감사를 드리나요?

❸ 우리 삶의 유일한 해답이 되시는 주님께로 나아가는 한 주간이 되기 위해 내가 실천할 수 있는 것들을 나누어 봅시다.

## 기도로 함께
## 소망하며

❶ 성경 말씀에 기초해, 찬양과 감사의 기도를 드립니다.

시몬 베드로가 대답하되
주여 영생의 말씀이 주께 있사오니 우리가 누구에게로 가오리이까
우리가 주는 하나님의 거룩하신 자이신 줄 믿고 알았사옵나이다
요한복음 6:68-69

❷ 일상의 변화를 소망하며, 회개와 결단의 기도를 드립니다.

❸ 서로를 위해, 또 교회를 위해 기도합니다.

## 시편 139편 1-10절

여호와여 주께서 나를 살펴 보셨으므로
나를 아시나이다
주께서 내가 앉고 일어섬을 아시고
멀리서도 나의 생각을 밝히 아시오며
나의 모든 길과 내가 눕는 것을 살펴 보셨으므로
나의 모든 행위를 익히 아시오니
여호와여 내 혀의 말을 알지 못하시는 것이
하나도 없으시니이다
주께서 나의 앞뒤를 둘러싸시고
내게 안수하셨나이다
이 지식이 내게 너무 기이하니
높아서 내가 능히 미치지 못하나이다
내가 주의 영을 떠나 어디로 가며
주의 앞에서 어디로 피하리이까
내가 하늘에 올라갈지라도 거기 계시며
스올에 내 자리를 펼지라도 거기 계시니이다
내가 새벽 날개를 치며 바다 끝에 가서 거주할지라도
거기서도 주의 손이 나를 인도하시며
주의 오른손이 나를 붙드시리이다

# 5

# 사도행전 1

**성경읽기** 사도행전 1-15장

**성경수업** 오직 성령이 임하시면

**성경나눔**

## 사도행전 1에 들어가며

예수님의 고난, 죽음, 부활, 승천은 복음서뿐만 아니라 사도행전에서도 핵심을 이루는 중요한 사건들입니다. 사도행전은 누가가 기록한 누가복음의 후속편으로, 예수님 승천 이후 남겨진 제자들이 복음을 확장해 가는 모습을 보여 줍니다. 그리고 이 모든 이야기의 중심이 되는 '오순절 성령 강림'이 단순히 하나님의 능력과 권세를 드러내는 부분적 사건이 아니라, 하나님의 구속사 가운데 매우 핵심적인 위치를 차지하는 중요한 사건이었음을 드러냅니다. 오순절 성령 강림 이후 담대하게 복음을 전파하는 제자들의 모습은 그들이 전한 설교에 잘 나타나 있습니다. 특히 베드로와 스데반의 설교는 그리스도의 죽음, 부활, 성령 강림이 새로운 시대를 상징하는 데서 그치는 것이 아니라, 구약에서 약속된 하나님의 구원 계획의 성취이자 하나님이 미리 작정하신 사건임을 확인시켜 줍니다.

이번 주는 사도행전 1장에서 15장까지를 통독하면서, 성경수업을 통해 성령의 능력으로 말미암아 사도들과 제자들이 복음을 열방에 선포하는 이야기와 하나님 나라의 지평이 예루살렘에서 온 유대와 사마리아로 확장되어 가는 과정을 살펴보겠습니다.

## 리딩지저스 영상

## 안내

**리딩지저스 5권 5강: 사도행전 1**

QR코드를 찍으면 '사도행전 1' 리딩지저스 영상으로 바로 연결됩니다. 또는 유튜브에서 '리딩지저스 사도행전 1'을 검색하여 시청할 수 있습니다. '성경읽기'와 '성경수업'을 시작하기 전에 리딩지저스 영상을 시청하면 도움이 됩니다.

QR코드를 찍으면 **리딩지저스 오디오 바이블**로 연결됩니다. 45주 성경통독 일정에 맞추어 제작된 **오디오 바이블**을 통해 매일의 성경통독 분량을 부담 없이 완독할 수 있습니다. 그리스도 중심 성경읽기 《리딩지저스》와 함께하는 성경통독을 통해 하나님과 동행하는 하루하루가 되기를 소망합니다.

## 이번 주 성경읽기 스케줄

| 주일 | 리딩지저스 영상 시청, 성경수업 읽기 | | | |
|---|---|---|---|---|
| | 기본 읽기 | | 핵심 읽기 | |
| 월 | 행 1-3장 | 완독 | 행 2장 | |
| 화 | 행 4-5장 | | 행 4장 | |
| 수 | 행 6-8장 | | 행 8장 | |
| 목 | 행 9-10장 | | 행 9장 | |
| 금 | 행 11-13장 | | 행 11장 | |
| 토 | 행 14-15장 | | 행 14장 | |

## 1일차 성령께서 임하시다

**기본 읽기** 사도행전 1-3장
**핵심 읽기** 사도행전 2장

사도행전은 의사 누가가 데오빌로에게 보낸 두 번째 글입니다. 따라서 사도행전의 내용은 누가복음과 밀접하게 연결되어 있습니다. 사도행전은 예수님이 약속하신 성령께서 임함으로써 어떻게 교회가 세워지고 복음이 전파되는지를 상세히 설명합니다. 예수님의 승천 이후 교회는 성령님의 도우심을 받아 폭발적으로 성장하기 시작합니다. 베드로의 오순절 설교로 인해 삼천 명이나 되는 사람들이 회심을 합니다. 교회 공동체에는 각종 기사와 표적이 일어나고, 사람들은 자신의 소유를 팔아 모든 사람에게 필요한 대로 나누어 줍니다. 이러한 놀라운 이적은 베드로와 요한이 솔로몬 행각에서 한 지체장애인을 고치는 사건을 통해 절정에 달합니다. 그리고 복음이 본격적으로 퍼져 나가기 시작합니다.

## 2일차 고난과 함께 성장하는 교회

**기본 읽기** 사도행전 4-5장
**핵심 읽기** 사도행전 4장

베드로와 요한은 성전 미문에 앉아 있던 지체장애인을 고친 사건 때문에 공회에 소환당합니다. 하지만 이들은 공회 앞에서 두려워하기는커녕 담대히 복음을 전합니다. 이렇게 당당한 사도들의 모습에 공회는 당황하며 복음을 전하지 말라고 경고합니다. 한편, 아나니아와 삽비라는 자신의 재산을 처분한 뒤 일부를 숨겨 둔 것을 밝히지 않고 거짓말로 교회를 속이다가 하나님의 심판을 받습니다. 사도들의 표적과 기사가 지속되면서 사람들이 점점 교회로 모여들게 됩니다. 대제사장과 사두개인은 사도들을 체포하고 복음 전하는 것을 엄히 금하지만, 사도들은 이를 거부합니다. 그들은 복음을 위해 채찍질당하고 능욕당하는 것을 기뻐합니다.

### 3일차 흩어지나 전파하는 교회

**기본 읽기** 사도행전 6-8장
**핵심 읽기** 사도행전 8장

공동체가 성장하자 헬라파 그리스도인과 유대파 그리스도인 사이에서 구제와 관련한 갈등이 일어납니다. 사도들은 이런 문제를 방지하기 위해 교회를 섬기는 일을 전담할 일곱 명의 집사를 세우는데 그들 가운데 스데반도 있었습니다. 스데반은 성령 충만하여 복음을 전합니다. 공회가 그를 소환하여 꾸짖자 스데반은 그 자리에서 유대인들의 잘못을 신랄하게 비판하는 설교를 합니다. 결국 공회는 스데반을 돌로 쳐 죽였고, 이 사건이 기폭제가 되어 예루살렘 교회는 팔레스타인 전역으로 흩어집니다. 그러나 이 일은 오히려 전화위복이 됩니다. 빌립을 비롯하여 흩어진 성도들이 지역마다 복음을 전하게 된 것입니다. 에티오피아 내시가 복음을 듣게 된 이야기는 복음 전파가 본격적으로 시작되었음을 보여 줍니다.

### 4일차 사울과 베드로

**기본 읽기** 사도행전 9-10장
**핵심 읽기** 사도행전 9장

9장은 8장 1절에 잠깐 등장했던 인물인 사울의 회심을 기록합니다. 주의 제자들을 향하여 살기가 등등했던 사울은 다메섹으로 피신한 성도들을 잡아오기 위하여 길을 떠납니다. 그런데 바로 그 길에서 사울은 부활하신 예수님을 만나게 됩니다. 하나님은 눈이 멀게 된 사울에게 아나니아를 보내셔서 안수하여 그의 시력을 되찾게 하십니다. 이때부터 사울은 예수님을 전하는 일에 앞장서게 됩니다. 한편, 베드로는 율법에서 금지된 동물들이 보자기에 싸여 내려오는 환상 가운데 그 동물들을 먹으라는 음성을 듣습니다. 곧이어 베드로는 가이사랴에서 근무하던 이방인 백부장 고넬료가 보낸 하인의 안내를 따라 고넬료의 집을 방문합니다. 베드로는 고넬료에게 세례를 베풀고, 성령께서 이방인에게도 역사하신다는 사실을 목격합니다.

## 5일차 전파되기 시작하는 복음

**기본 읽기** 사도행전 11-13장
**핵심 읽기** 사도행전 11장

베드로의 소식을 들은 사도들과 유대인 성도들은 발칵 뒤집어집니다. 할례받지 않은 이들에게 세례 베푸는 일은 그들의 상식을 정면으로 부정하는 일이었기 때문입니다. 그러나 베드로의 증언을 들은 이들은 하나님이 이방인에게도 "생명 얻는 회개"를 주셨음을 인정합니다. 이 일이 있은 뒤 사울에 대한 소문이 안디옥까지 퍼지게 되고, 교회는 바나바와 사울을 첫 번째 선교사로 파송합니다. 교회를 향한 박해도 지속되었습니다. 요한의 형제 야고보가 순교를 당하고, 베드로는 옥에 갇힙니다. 하지만 하나님이 천사를 보내셔서 베드로를 이끌어 옥에서 나오게 하십니다. 박해를 주도하던 헤롯은 하나님의 심판을 받아 병에 걸려 목숨을 잃습니다. 선교 여행을 떠난 바울은 굳세게 복음을 전합니다.

## 6일차 바울의 첫 번째 선교 여행과 예루살렘 회의

**기본 읽기** 사도행전 14-15장
**핵심 읽기** 사도행전 14장

루스드라에서 바울과 바나바가 행한 이적을 목도한 사람들은 두 사람을 그리스의 신인 제우스와 헤르메스라고 생각합니다. 두 사람은 그들을 추앙하는 군중을 말리고 복음을 전합니다. 이후 바울은 이고니온에서 유대인들에게 돌팔매질을 당할 뻔하지만, 복음 전하는 일을 멈추지 않습니다. 곧 두 사람은 예루살렘으로 복귀합니다. 회심한 이방인들이 할례를 받는 문제로 교회에 큰 논란이 일어났기 때문입니다. 그러나 이 상황은 야고보가 "우상의 더러운 것과 음행과 목매어 죽인 것과 피를 멀리하는 것"을 지키도록 권면함으로써 마무리됩니다. 얼마 후, 선교 여행 중 이탈한 마가를 다시 합류시킬지에 관한 문제로 바울과 바나바가 크게 싸우게 되고, 바나바는 마가와, 바울은 실라와 각각 선교 여행을 떠납니다.

# 2부 성경 수업

# 오직 성령이 임하시면

오직 성령이 너희에게 임하시면
너희가 권능을 받고
예루살렘과 온 유대와
사마리아와 땅끝까지 이르러
내 증인이 되리라 하시니라

사도행전 1장 8절

## Lesson 1　사도행전에 들어가며

### 복음의 전진과 확장

사도행전은 매우 독특하고도 중요한 책으로 복음의 핵심 내용과 그 복음이 모든 민족에게 전파되는 과정을 보여 줍니다. 이사야 2장에서 예언하듯 복음은 예루살렘에서부터 확장됩니다. 누가복음 마지막 장에서 부활하신 예수님은 앞으로 반드시 일어나야 할 일, 곧 복음이 예루살렘에서 시작하여 모든 족속에서 전파될 것에 관해 말씀하십니다. 그리고 우리는 이 말씀이 실현되는 모습을 사도행전에서 보게 됩니다.

> 또 이르시되 내가 너희와 함께 있을 때에 너희에게 말한 바 곧 모세의 율법과 선지자의 글과 시편에 나를 가리켜 기록된 모든 것이 이루어져야 하리라 한 말이 이것이라 하시고…또 이르시되 이같이 그리스도가 고난을 받고 제삼일에 죽은 자 가운데서 살아날 것과 또 그의 이름으로 죄 사함을 받게 하는 회개가 예루살렘에서 시작하여 모든 족속에게 전파될 것이 기록되었으니(누가복음 24:44-47)

사도행전은 크게 두 부분으로 나누어집니다. 1장부터 12장까지가 전반부, 13장부터 28장까지가 후반부입니다. 전반부와 후반부는 다시 각각 세 단락으로 나뉘는데, 각 단락 끝에는 그 단락의 내용을 요약하는 말씀이 있습니다. 이를 통해 사도행전의 중심 메시지인 하나님 나라의 전진과 확장이 반복하여 강조됩니다. 이처럼 사도행전은 예수 그리스도의 죽음과 부활로 이루어진 구원의 소식이 지역과 민족의 경계를 넘어 모든 민족을 향해 선포되고, 이로 말미암아 하나님 나라의 지평이 넓어져 가는 것을 전체에 걸쳐 보여 줍니다.

● **사도행전의 구조와 각 단락의 요약 구절**

**전반부**

| 1-12장 | 1-6:7 | "하나님의 말씀이 점점 왕성하여 예루살렘에 있는 제자의 수가 더 심히 많아지고 허다한 제사장의 무리도 이 도에 복종하니라"(6:7) |
|---|---|---|
| | 6:8-9:31 | "그리하여 온 유대와 갈릴리와 사마리아 교회가 평안하여 든든히 서 가고…수가 더 많아지니라"(9:31) |
| | 9:32-12:24 | "하나님의 말씀은 흥왕하여 더하더라"(12:24) |

**후반부**

| 13-28장 | 13:1-16:5 | "이에 여러 교회가 믿음이 더 굳건해지고 수가 날마다 늘어가니라"(16:5) |
|---|---|---|
| | 16:6-19:20 | "이와 같이 주의 말씀이 힘이 있어 흥왕하여 세력을 얻으니라"(19:20) |
| | 19:21-28:31 | "하나님의 나라를 전파하며 주 예수 그리스도에 관한 모든 것을 담대하게 거침없이 가르치더라"(28:31) |

복음서에서 살펴보았듯이 복음은 곧 하나님 나라의 메시지입니다. 사도행전은 복음서보다 좀 더 구체적으로 복음의 메시지가 무엇인지 보여 줍니다. 예수님은 복음의 메시지를 사도들에게 맡기시는데, 사도들은 예수님

이 요한에게 세례를 받으신 것부터 부활하고 승천하시는 것을 직접 목격한 증인들이기 때문입니다. 그리스도는 이 증인들을 지명하셔서 이 땅에서의 그분의 사역과 십자가 죽음에 관한 내용뿐만 아니라 부활과 승천에 관해서도 설교하도록 하십니다. 그리고 이를 통해 복음의 메시지를 하나로 통합하십니다. 따라서 복음의 메시지는 예수님의 이 땅에서의 사역뿐만 아니라, 부활하고 승천하고 다스리시는 이 모든 내용을 포함합니다.

누가복음과 사도행전은 모두 누가가 기록한 책입니다. 사도행전의 전편인 누가복음은 예수님의 승천에서 끝이 나고, 사도행전은 바로 그 시점의 이야기로부터 시작됩니다. 이에 누가는 사도행전 도입부에서 이전에 자신이 쓴 글을 언급합니다. "데오빌로여 내가 먼저 쓴 글에는…"(사도행전 1:1).

사도행전은 누가복음 마지막 부분에 그려진 예수님을 보여 주며 시작합니다. 부활하신 예수님은 제자들에게 자신의 모습을 보이시고 제자들을 축복하십니다. 그리고 그들에게 하나님 아버지께서 약속하신 것, 곧 하늘로부터 임할 성령을 기다리라고 분명하게 말씀하십니다(사도행전 1:4-5). 또한 승천하기 직전 예수님은 제자들에게 마지막 명령을 주십니다(사도행전 1:8).

> 예루살렘을 떠나지 말고 내게서 들은 바 아버지께서 약속하신 것을 기다리라 요한은 물로 세례를 베풀었으나 너희는 몇 날이 못되어 성령으로 세례를 받으리라(사도행전 1:4-5)

우리는 사도행전을 통해 복음이 온 열방으로 전진하며 확장되어 가는 방식을 보게 됩니다. 복음은 처음에 유대인에게, 이어서 사마리아인처럼 소외된 자들에게, 그리고 마지막에는 땅끝까지 이르게 됩니다. 이 놀라운 복음의 확장이 사도행전에서 펼쳐집니다.

## Lesson 2　사도행전에 나타난 하나님 나라

### 복음이 전파되는 방법

사도행전이 전하는 복음은 하나님 나라의 복음입니다. 우리는 복음서의 핵심 내용이 '하나님 나라'라는 것을 앞서 살펴보았기에 사도행전에 이르러서는 하나님 나라가 어떻게 전파되어 가는지 자연스럽게 궁금해집니다. 사실 사도행전 자체에는 하나님 나라가 많이 언급되지는 않습니다. 하지만 하나님 나라는 사도행전에서도 매우 중요한 주제입니다. 예를 들어, 사도행전은 예수님을 부활하고 승천하신 '만왕의 왕'으로 묘사합니다.

사도행전은 구조적으로도 하나님 나라를 담고 있습니다. 사도행전은 하나님 나라를 선포하며 시작하고(1:3), 하나님 나라를 선포하며 끝맺습니다(28:31). 이처럼 하나님 나라에 관한 언급은 사도행전 전체를 구성하는 틀입니다. 따라서 우리는 사도행전을 읽으면서 하나님 나라가 복음 전파와 함께 확장되고 있음을 알 수 있습니다.

사도행전 1장 3절에서 부활하신 그리스도가 제자들에게 나타나셔서 40일 동안 하나님 나라를 말씀하십니다. 그러자 제자들이 되묻습니다. "주께서 이스라엘 나라를 회복하심이 이때니이까"(사도행전 1:6). 하나님 나라가 언제 임하느냐는 질문인 것이죠. 이에 예수님은 하나님 나라에 대한 제자들의 이해의 지평을 넓혀 주십니다. 예수님은 하나님 나라가 이스라엘뿐만 아니라 모든 민족에게 임하리라고 말씀하십니다.

사도행전 마지막 장인 28장에서 우리는 로마에 가택연금 상태로 있는 바울을 보게 됩니다. 흥미로운 점은 바울이 복음으로 인해 갇힌 중에도 하나님 나라를 선포하고 있다는 사실입니다.

> 바울이…하나님의 나라를 전파하며 주 예수 그리스도에 관한 모든 것을 담대하게 거침없이 가르치더라(사도행전 28:30-31)

바울이 갇혀 있는 중에도 하나님 나라의 메시지는 계속 전진합니다. 하나님 나라를 다스리시는 왕 예수 그리스도는 부활하고 승천하신 주님이시며 온 땅과 만민을 다스리시는 하늘의 주님이십니다. 따라서 하나님 나라 메시지는 이스라엘만을 위한 것이 아닙니다. 하나님 나라는 이 땅의 모든 민족을 위한 복음입니다.

사도행전 1장 8절은 이 메시지가 어떻게 전파되는지를 보여 줍니다. 이 말씀은 사도행전에서 가장 중요한 구절로, 복음이 전파되는 방법을 보여 주는 개요(outline map)가 됩니다. 예수님은 성령의 능력을 상기시키면서 하나님 나라의 복음이 어떻게 전파되는지를 알려 주십니다. 이처럼 사도행전은 부활하고 승천하신 예수님의 나라에 관한 복음을 담고 있습니다.

> 오직 성령이 너희에게 임하시면 너희가 권능을 받고 예루살렘과 온 유대와 사마리아와 땅 끝까지 이르러 내 증인이 되리라(사도행전 1:8)

## Lesson 3 오순절 성령 강림

### 구약성경의 성취

오순절에 예수님을 따르던 사람들은 다같이 한 곳에 모여 기도하고 있었습니다(사도행전 2:1). 그런데 홀연히 급하고 강한 바람 같은 소리가 들려오고 불의 혀처럼 갈라지는 것들이 각 사람 위에 임합니다. 그곳에 모인 사람들은 전부 각기 다른 언어로 말하기 시작합니다. 그리고 오순절을 맞아 각국에서 예루살렘으로 모인 사람들은 예수님의 제자들이 말하는 것을 듣고는 하나님의 위대한 일을 드높이고 그분을 찬양합니다. 이 내용은 사도행전 전체에 걸쳐 일어나게 될 일의 시작을 알립니다. 곧 하나님의 백성이 통일되고 언약 공동체가 다시 돌아와 한 왕의 통치 아래 연합하는 일입니다.

절기를 지키러 예루살렘에 온 경건한 사람들 중에는 유대인들만 있었던 것이 아닙니다. 다양한 배경을 지닌 사람들이 그곳에 모여 있었습니다.

> 우리는 바대인과 메대인과 엘람인과 또 메소보다미아, 유대와 갑바도기아, 본도와 아시아, 브루기아와 밤빌리아, 애굽과 및 구레네에 가까운 리비야 여러 지방에 사는 사람들과 로마로부터 온 나그네 곧 유

우리는 오순절 사건을 통해 하나님의 백성을 **연합**하시고, 분열과 불일치를 **극복**하시는 **성령님**을 보아야 합니다.

대인과 유대교에 들어온 사람들과 그레데인과 아라비아인들이라…
(사도행전 2:9-11)

오순절 성령 강림 사건은 구속사의 맥락 가운데 읽어야 할 본문입니다. 이 사건에서 몇 가지 중요한 요소를 짚어 보겠습니다. 먼저 "불의 혀"입니다. 제자들 위에 불이 임합니다. 흥미로운 점은 불이 제자들을 소멸하지 않고, 오히려 하나님의 복의 표시로 나타난다는 것입니다. 불은 그들 가운데 임재하신 하나님을 상징합니다. 복음서에 나타난 예수님의 불 세례 경험은 그분이 불의 시련을 몸소 감당하셨음을 선명하게 보여 줍니다. 반면,

사도행전에서 그리스도를 믿는 자들은 정제하는 불은 경험했지만, 진노의 불은 경험하지 않습니다.

구약 시대에는 성령이 활동하지 않으셨다고 생각하는 사람들이 있습니다. 하지만 성령은 삼위일체 하나님의 셋째 위격으로서 언제나 존재하셨고 존재하십니다. 그분은 오순절에 갑자기 만들어지지 않았습니다. 다만 오순절 성령 강림에는 무언가 새로운 점이 있었습니다. 메시아가 영광 가운데 승천하신 이 시대에서 성령은 새로운 역할이 있으십니다. 사도행전은 바로 그 성령님께 주목합니다. 이 시대를 사는 우리에게는 새로운 구원 성취가 있고, 더 크고 강렬한 성령 하나님의 새로운 기름 부으심이 있습니다.

성령의 새로움을 말할 때 우리는 더욱 주의를 기울여야 합니다. 무엇보다 구약 성도들의 구원이 성령의 역사와 무관하다고 말해서는 안 됩니다. 성령께서 언제나 활동하셨고 동시에 오순절 성령 강림에는 이전과는 다른 새로운 무언가가 있었다는 것을 잊지 말아야 합니다. 요엘 2장은 하나님의 모든 백성에게 성령이 부어질 것이라고 약속합니다. 그리고 이 약속의 성취가 바로 사도행전 2장에 나오는 오순절 성령 강림입니다.

> 그 후에 내가 내 영을 만민에게 부어 주리니…(요엘 2:28)

성령은 우리를 결박하고 있던 포로됨의 저주를 끊으셨습니다. 이로써 흩어져 있던 하나님의 백성이 하나님께 돌아왔습니다. 마찬가지로 바벨탑의 저주 또한 극복되었습니다. 창세기 10-11장에 나타난 불순종으로 인해 언어의 혼란이 생겼지만, 오순절 사건으로 인해 이 언어들이 축복의 언어로 사용됩니다. 이제 이 언어들은 하나님의 백성을 하나로 연합하는 데 사용되고, 모든 이에게 복음을 전하는 데 사용됩니다.

우리는 이 오순절 사건을 통해 하나님의 백성을 연합하시고 분열과 불일치를 극복하시는 성령님을 보아야 합니다. 그리고 우리는 성령의 이 놀라운 역사가 사도들과 제자들의 설교에서 좀 더 구체적으로 나타나는 것을 보게 될 것입니다.

# Lesson 4 사도행전의 설교들

## 하나님 나라와 그리스도 복음의 신학

사도행전에는 사도들의 설교가 많이 나옵니다. 이 설교들은 우리에게 하나님 나라의 신학을 가르쳐 줍니다. 또한 구약성경에 기초한 그리스도 복음의 신학과 초대 교회의 복음 메시지가 어땠는지를 보여 줍니다.

사도행전 2장에는 사도행전 전체에서 아주 중요한 베드로의 설교가 나옵니다. 베드로는 요엘 2장을 인용하며 오순절 성령 강림 사건을 가리켜 '성경의 성취'라고 말합니다(사도행전 2:17-21). 하나님은 가장 작은 자부터 가장 큰 자에 이르기까지 그분의 모든 백성에게 성령을 부어 주십니다. 여기에는 늙은이와 젊은이와 아이, 남종과 여종이 포함됩니다. 이것은 구약성경에서 고대하던 소망의 성취입니다. 모세가 바라고 기대했던 대로 하나님의 모든 백성은 그분의 영으로 충만케 됩니다. 하나님은 교회를 세우기 위해 모든 자기 백성에게 성령을 부어 주셨습니다.

여기서 우리가 알아야 할 중요한 사실은 오순절 사건이 성령의 시초(invention) 혹은 창조(creation)가 아니라, 새로운 사역을 위한 성령의 부으심(outpouring)이라는 것입니다. 성령은 백성 가운데 늘 함께하시고 역사하셨던 영원한 하나님이십니다. 이제 그 성령께서 예수님의 승천과 함께 백성에게 임하셨습니다. 그리스도의 사역은 완성되었고 교회를 세우는 새 시대의 사역을 위해 성령이 임하신 것입니다. 왜냐하면 예수님이 승천하시고 하나님 우편에 앉으셔서 만물을 다스리는 왕이 되셨기 때문입니다. 따라서 성령의 부으심은 그리스도 중심적 사건이자 요엘 2장의 성취입니다.

또한 오순절 사건은 다윗에게 약속하신 영원한 나라의 성취이기도 합니다. 시편 16편 8-11절에서 다윗은 여호와 하나님이 영원한 나라를 다스리실 것이라는 위대한 약속을 고백합니다. 이 약속은 사도행전 2장 26-27절에서 말하듯이 육체가 희망 가운데 거하며 그 영혼이 음부에 버림받지 않는다는 소망입니다. "주의 거룩한 자로 썩음을 당하지 않게 하실 것임이로다"(사도행전 2:27). 하나님은 다윗을 죽음에서 구하시고 영원한 나라를 세우시겠다는 약속을 기초로 그를 구원하십니다. 하지만 다윗은 죽음을 맞이했습니다. 베드로는 그의 설교에서 다윗이 장사되었고 그 묘가 오늘까지 있다고 말합니다.

그렇다면 다윗이 약속받은 썩음을 당하지 않는 것이 어떻게 가능할까요? 베드로는 이를 '그리스도'와 연결하여 설명합니다. 그는 이것이 곧 그리스도의 영원한 나라, 위대한 다윗의 자손인 나사렛 예수의 나라라고 말합니다. 장사되었지만 썩음을 당하지 않고 죽음에서 부활하신 그리스도의 나라를 말이죠. 부활하신 예수님은 영원한 다윗 왕국을 다스리실 분입니다. 따라서 그리스도의 부활은 다윗에게 주어진 약속의 성취입니다.

예수님은 왕의 보좌에 앉은 다윗의 자손으로서 성령을 주실 권세를 가진 분입니다. 예수님은 다윗의 자손이면서 동시에 다윗의 주님이십니다. 그분은 다윗의 자손으로 오셨지만, 다윗보다 더 위대한 분입니다. 베드로는 불과 몇 주 전에 십자가에 달려 죽으신 예수님이 죽은 자 가운데서 다시 살아나셨고 성령을 부어 주셨다고 설교합니다. 그는 썩음을 당하지 않으시고 부활하고 승천하심으로써 우리의 주님이자 그리스도가 되셨습니다. 그리고 이제 그분은 영원한 나라를 다스리고 계십니다.

예수님이 죽지 않고 살아나셨다는 베드로의 설교를 듣고 사람들은 마음에 찔려 "우리가 어찌할꼬"하고 말합니다(사도행전 2:37). 이는 우리 자신에게도 동일하게 물어야 할 질문입니다. '예수님이 살아 계신다면 어떻게 해야 하는가?' 이에 대한 대답이 38-39절에 나옵니다.

> 너희가 회개하여 각각 예수 그리스도의 이름으로 세례를 받고 죄 사함을 받으라 그리하면 성령의 선물을 받으리니 이 약속은 너희와 너희 자녀와 모든 먼 데 사람 곧 우리 하나님이 얼마든지 부르시는 자들에게 하신 것이라(사도행전 2:38-39)

예수님이 죽은 자 가운데서 다시 살아나심을 믿는 우리는 죄에 대한 책임을 져야 합니다. 예수님은 권세가 있는, 모든 인류의 재판장이십니다.

## Lesson 5 예루살렘과 온 유대와 사마리아까지

### 막힌 담을 허무는 복음

베드로의 설교에서 볼 수 있듯이, 사도행전이 전하는 복음의 메시지는 '용서'입니다. 사도행전은 바로 이 용서의 메시지가 온 세상으로 퍼져 가는 방식을 보여 줍니다. 특별히 1장 8절은 사도행전의 메시지가 지리적으로 어떻게 확장되는지 그 윤곽을 그려 줍니다. 예수님은 "성령이 너희에게 임하시면 예루살렘과 온 유대와 사마리아와 땅끝까지 이르러 내 증인이 되리라"라고 말씀하십니다. 그 범위는 '예루살렘'과 '유대'와 더 넓은 범위인 '사마리아' 그리고 '땅끝'까지입니다. 사도행전 전반부는 용서의 메시지가 예루살렘과 온 유대와 사마리아까지 퍼져 가는 것을 보여 줍니다. 이러한 지리적 확장은 복음이 보편적으로 적용됨을 나타냅니다. 죽은 자 가운데 다시 살아나신 그리스도는 언젠가 모두를 심판하실 것이기 때문에 그리스도의 메시지는 전 세계의 모든 사람에게 전달되어야 합니다.

제자들을 통해 예루살렘에서부터 시작된 하나님 나라의 복음인 '용서의 메시지'는 베드로의 설교를 통해 이제 온 유대에 모인 각 사람에게 전파됩니다. 그리고 마침내 사마리아로 확장됩니다. 과거로 거슬러 올라가면 사마리아인과 유대인은 공통의 유산을 가지고 있었습니다. 하지만 어느 시

**하나님 나라의 복음**은 베드로의 설교를 통해 온 유대에 모인 각 사람에게 전파됩니다. 그리고 마침내 **사마리아**로 확장됩니다.

점부터 그들은 각기 갈라졌습니다. 유대인과 사마리아인 사이에는 매우 실제적인 경계와 구분이 있었습니다. 요한복음 4장에는 예수님이 우물가의 여인을 만나는 장면이 나오는데, 여기서 그 분명한 구분을 볼 수 있습니다. 유대인과 사마리아인은 서로 관계를 맺지 않았습니다. 그들은 상종을 하지 않았습니다. 그들은 서로 다른 곳에서 예배를 드리고, 성경도 다르게 해석했습니다.

그런데 사도행전 8장에서 사마리아인이 하나님의 백성으로 포함되는 장면이 나옵니다. 그들은 두 사도의 안수를 통해 성령을 받게 됩니다. "이에 두 사도가 그들에게 안수하매 성령을 받는지라"(사도행전 8:17). 이로써 우리는 복음이 유대인만을 위한 것이 아니라는 것과 사마리아인이 성령의 역사 가운데 전 세계를 아우르는 공동체에 어떻게 들어오게 되는지를 확인하게 됩니다.

8장 26절 이하에는 에티오피아 내시가 나옵니다. 당시 내시는 성전 예배에서 배척당하는 인물이었습니다. 신체의 불완전함이 예배자로서 결격 사유가 되었던 것입니다. 여기에 등장하는 내시는 이방인, 곧 하나님의 공동체에 완전히 동화될 수 없는 낙인찍힌 인물을 대표합니다. 하지만 우리는 그의 신체적 구별이 복음을 통해 극복되고, 막힌 담이 허물어짐을 보게 됩니다.

빌립이 에티오피아 내시를 만났을 때, 내시는 고난받는 종에 관한 이사야 선지자의 말씀을 읽고 있었습니다. "돌아가는데 수레를 타고 선지자 이사야의 글을 읽더라"(사도행전 8:28). 성령의 말씀에 따라 빌립은 그리스도께서 하신 일을 내시에게 설명해 주었고, 그 내시는 세례를 받습니다. 이렇게해서 에티오피아 내시는 하나님의 백성으로 받아들여집니다. 그리고 이 사람과 다른 사람들 사이에 구별이 없음이 선포됩니다. 이처럼 성령님은 사람들 사이의 막힌 담을 허무십니다. 복음은 사람들의 구획을 넘어섭니다. 왜냐하면 그리스도는 만유의 왕이시기 때문입니다.

사도행전을 읽어 나가면서 우리는 여러 경계들이 허물어지기 시작하는 것을 보게 됩니다. 그리고 사도행전 10장에서 고넬료와 베드로가 만나는 사건을 통해 복음이 이방인들까지 전파되는 것을 목도하게 됩니다.

# READING JESUS

## 리딩지저스
## : 그리스도 중심으로 읽는 사도행전 1

예수님의 공생애, 고난, 십자가의 죽음, 그리고 부활과 승천은 복음서의 핵심 내용입니다. 그리고 이 모든 것은 이미 오랫동안 구약에서 약속되어 온 하나님의 구원 계획의 성취입니다. 예수님은 부활하고 승천하셔서 하나님의 보좌 우편에 앉아 다스리고 계십니다. 부활 승천하신 예수님은 더 이상 이 땅에서 자기 백성과 함께하실 수 없었습니다. 그래서 약속하신 대로 자신의 영이신 성령님을 보내 주셨습니다. 이로써 예수님이 선포하고 이루신 하나님 나라의 복음이 제자들을 통해 계속해서 이어져 갔습니다. 사도행전은 바로 이러한 맥락에서 이해되어야 할 그리스도 중심의 책입니다.

오순절 성령 강림 사건 이후 제자들은 성령님의 도우심으로 말미암아 하나님 나라의 일을 이루어 가는 주체가 됩니다. 이 사건 역시 구약의 약속이 성취된 것입니다. 우리는 성령님을 그리스도와 관계없는 어떤 능력이나 힘으로 이해해서는 안 됩니다. 오순절 성령 강림은 모든 이에게 부어 주시는 하나님의 약속의 성취이며, 그리스도 중심적 사건입니다. 이러한 성령 강림 사건을 통해 모든 사람이 성령을 받게 된다는 약속이 곧 하나님 나라의 복음이 확장된다는 것과 같은 의미임을 보게 됩니다.

# 3부 성경 나눔

## 사도행전 1

## 한눈에 보기

사도행전은 누가복음의 후속편으로서 누가복음과 달리 예수님 승천 이후의 하나님 나라 전파 과정을 다룹니다. 사도행전은 하나님 나라의 확장과 하나님 나라 복음이 어떻게 온 민족에게 전파되는지를 보여 줍니다. 또한 성령께 붙들린 제자들이 그분의 능력에 힘입어 이 사명을 감당하는 모습을 증언합니다. 사도행전은 복음서와 마찬가지로 예수 그리스도가 중심이 되는 책입니다. 사도행전에서는 성령 하나님이 무대 전면에 등장하십니다. 이 성령은 바로 그리스도의 영으로 표현됩니다. 이 점을 놓치지 말고 사도행전을 읽는 것이 중요합니다.

사도행전은 하나님 나라 신학과 뗄 수 없는 책입니다. 비록 하나님 나라라는 표현이 사도행전에 그다지 많이 등장하지는 않지만, 사도행전을 읽다 보면 이 책 전체가 하나님 나라 이야기를 하고 있다는 사실을 쉽게 알 수 있습니다. 예수님의 가르침의 핵심은 하나님 나라였습니다. 그리고 예수님의 뒤를 이은 제자들의 가르침의 핵심도 하나님 나라였습니다.

복음서에서는 종종 연약한 모습으로 묘사되었던 제자들이 사도행전에서는 큰 능력으로 복음을 전파합니다. 이를 가능하게 한 것이 바로 오순절 성령 강림 사건이었습니다. 이 사건은 제자들에게 능력만을 선사한 것이 아니었습니다. 구약에서부터 약속해 오신 하나님의 약속을 성취하신 사건이었습니다. 오순절 성령 강림은 모든 이에게 하나님의 영을 부어 주신 구속사의 중요한 사건입니다. 이 오순절 사건을 통해 이제는 유대인뿐 아니라 이방인에게도 복음이 전파되게 되었습니다. 예수의 이름을 부르고 믿는 모든 자가 구원을 얻게 되는 역사가 일어난 것입니다.

사도행전은 바로 이러한 일들을 자세히 기록합니다. 특히 예수님이 약속하신 지리적 확장이 어떻게 이루어지는지를 보여 줍니다(사도행전 1:8). 사도행전 전반부는 하나님 나라가 온 유대를 거쳐 사마리아까지 확장되고, 그곳에 있는 외부인들 곧 주변부의 사람들이 하나님 나라 백성으로 편입되는 일들을 보여 줍니다. 우리는 사도행전을 통해 구약에서 약속된 하나님 나라의 복음이 예상치 못한 놀라운 방법으로 확장되어 가는 것을 볼 수 있습니다. 이것이 바로 하나님의 일하심입니다.

하나님의 나라가 모든 민족에게 전파되는 이유는 부활하고 승천하신 예수님이 온 땅과 만민을 다스리는 주가 되시기 때문입니다. 예수 그리스도의 권세가 제한이 없듯 그분의 복음 또한 땅끝까지 이르게 하십니다.

## 성경수업 돌아보기

❶ 우리는 사도행전을 통해 복음이 온 열방으로 (　　　　)하며 확장되는 방식을 볼 수 있습니다. 복음은 처음에 (　　　　　　)에게, 이어서 (　　　　　　)처럼 소외된 자들에게, 그리고 마지막에는 (　　　　)까지 이르게 됩니다. (성경수업 Lesson 1)

❷ 사도행전 자체에는 (　　　　　　　　　)가 많이 언급되지 않습니다. 하지만 (　　　　　　　　　)는 사도행전에서도 매우 중요한 주제입니다. (　　　　　　　　　)에 관한 언급은 사도행전 전체를 구성하는 틀입니다. 따라서 우리는 사도행전을 읽으면서 (　　　　　　　　　)가 복음 전파와 함께 확장되고 있음을 알 수 있습니다. (성경수업 Lesson 2)

❸ 성령님에 관한 생각을 정리해 봅시다. (성경수업 Lesson 3)

- 성령님은 구약시대에 활동하지 않으셨다 ⭘ ⊗
- 성령님은 성삼위일체 하나님의 세 번째 위격이시다 ⭘ ⊗
- 구약 성도들의 구원은 성령의 역사와 무관하다 ⭘ ⊗
- 오순절 성령 강림은 요엘 2장의 성취이다 ⭘ ⊗
- 성령님은 우리를 결박하고 있던 포로됨의 저주를 끊으셨다 ⭘ ⊗

❹ 베드로는 오순절 성령 강림 사건을 가리켜 성경의 성취라고 말합니다. (성경수업 Lesson 4)

- **요엘 2장 인용:** 구약에서 고대하던 (        )의 성취
- **시편 16편 인용:** 다윗에게 약속하신 영원한 (        )의 성취
- **설교 후의 반응:** "**우리가** (                    )" (사도행전 2:37)

❺ 사도행전 전반부는 (        )의 메시지가 예루살렘과 온 유대와 사마리아까지 퍼져 가는 것을 보여 줍니다. 이러한 지리적 개요는 복음이 (          )으로 적용됨을 나타냅니다. 우리는 복음이 (          )만을 위한 것이 아니라는 것과 사마리아인이 성령의 역사 가운데 전 세계를 아우르는 (          )에 어떻게 들어오게 되는지를 확인하게 됩니다. (성경수업 Lesson 5)

**정답**

1. 전진, 유대인, 사마리아인, 땅끝 2. 하나님 나라, 하나님 나라, 하나님 나라, 하나님 나라 3. X, O, X, O, O 4. 소망, 나라, 어찌할꼬 5. 용서, 보편적, 유대인, 공동체

## 나눔 질문

❶ 오순절 성령 강림 사건을 통해 복음은 유대인을 넘어서 온 세계로 확장되기 시작했습니다. 그리고 그 복음은 오늘날 우리에게까지 전해졌습니다. 이 복음이 나의 삶을 어떻게 바꾸어 놓았는지 나누어 봅시다.

❷ 성령님은 내 삶에서 어떻게 역사하고 계시나요? 변화된 나의 삶이 다른 사람들에게 어떤 영향을 주고 있나요?

❸ 하나님의 복음을 내 삶의 모든 영역에 적용하는 한 주간이 되기 위해 내가 실천할 수 있는 것들을 나누어 봅시다.

## 기도로 함께 소망하며

❶ 성경 말씀에 기초해, 찬양과 감사의 기도를 드립니다.

다른 이로써는 구원을 받을 수 없나니
천하 사람 중에 구원을 받을 만한 다른 이름을
우리에게 주신 일이 없음이라 하였더라
사도행전 4:12

❷ 일상의 변화를 소망하며, 회개와 결단의 기도를 드립니다.

❸ 서로를 위해, 또 교회를 위해 기도합니다.

## 시편 22편 23-31절

여호와를 두려워하는 너희여 그를 찬송할지어다
야곱의 모든 자손이여 그에게 영광을 돌릴지어다
너희 이스라엘 모든 자손이여 그를 경외할지어다
그는 곤고한 자의 곤고를 멸시하거나 싫어하지 아니하시며
그의 얼굴을 그에게서 숨기지 아니하시고 그가 울부짖을 때에 들으셨도다
큰 회중 가운데에서 나의 찬송은 주께로부터 온 것이니
주를 경외하는 자 앞에서 나의 서원을 갚으리이다
겸손한 자는 먹고 배부를 것이며
여호와를 찾는 자는 그를 찬송할 것이라
너희 마음은 영원히 살지어다
땅의 모든 끝이 여호와를 기억하고 돌아오며
모든 나라의 모든 족속이 주의 앞에 예배하리니
나라는 여호와의 것이요
여호와는 모든 나라의 주재심이로다
세상의 모든 풍성한 자가 먹고 경배할 것이요
진토 속으로 내려가는 자 곧 자기 영혼을 살리지 못할 자도
다 그 앞에 절하리로다
후손이 그를 섬길 것이요
대대에 주를 전할 것이며
와서 그의 공의를 태어날 백성에게 전함이여
주께서 이를 행하셨다 할 것이로다

# 6

# 사도행전 2

**성경읽기** 사도행전 16-28장

**성경수업** 땅끝까지 내 증인이 되리라

**성경나눔**

## 사도행전 2에 들어가며

사도행전 전반부에서 하나님 나라는 베드로를 중심으로 예루살렘과 온 유대, 그리고 사마리아까지 확장됩니다. 후반부에서는 바울을 중심으로 땅끝까지 전파됩니다. 사도행전 9장과 10장에 등장하는 '사도 바울의 회심'과 '베드로의 고넬료 방문'은 하나님 나라가 땅끝까지 뻗어 나가 이방 땅에 하나님의 복음과 용서의 놀라운 메시지가 전해지는 시작점이 됩니다. 우리는 바울의 삶과 설교를 통해 하나님이 자기 백성을 구원하시기 위해 얼마나 애쓰시는지를 보게 됩니다. 또한 바울이 선교 여행을 통해 세운 교회들이 초기에는 비록 미약하지만 시간이 흐르면서 든든히 세워져 가는 모습을 보게 됩니다. 바울은 어려운 상황에서도 힘차게 복음을 전파하며, 모든 사람이 구원을 얻기까지 쉬지 않으시는 하나님의 마음을 따라가는 선교사였습니다. 우리는 바울의 사역을 통해 거룩한 소명이 무엇인지, 참된 복음의 열정이 무엇인지를 배울 수 있습니다.

이번 주는 사도행전 16장에서 28장까지를 통독하면서, 성경수업을 통해 여러 가지 역경과 고난에도 담대하고 거침없이 복음을 전파하는 바울의 이야기를 살펴보겠습니다.

## 리딩지저스 영상 안내

**리딩지저스 5권 6강: 사도행전 2**

QR코드를 찍으면 '사도행전 2' 리딩지저스 영상으로 바로 연결됩니다. 또는 유튜브에서 '리딩지저스 사도행전 2'를 검색하여 시청할 수 있습니다. '성경읽기'와 '성경수업'을 시작하기 전에 리딩지저스 영상을 시청하면 도움이 됩니다.

1부 — 성/경/읽/기

QR코드를 찍으면 **리딩지저스 오디오 바이블**로 연결됩니다. 45주 성경통독 일정에 맞추어 제작된 **오디오 바이블**을 통해 매일의 성경통독 분량을 부담 없이 완독할 수 있습니다. 그리스도 중심 성경읽기 《리딩지저스》와 함께하는 성경통독을 통해 하나님과 동행하는 하루하루가 되기를 소망합니다.

## 이번 주 성경읽기 스케줄

| 주일 | 리딩지저스 영상 시청, 성경수업 읽기 | | | |
|---|---|---|---|---|
| | 기본 읽기 | | 핵심 읽기 | |
| 월 | 행 16-18장 | 완독 | 행 16장 | |
| 화 | 행 19-20장 | | 행 20장 | |
| 수 | 행 21-22장 | | 행 22장 | |
| 목 | 행 23-24장 | | 행 24장 | |
| 금 | 행 25-26장 | | 행 26장 | |
| 토 | 행 27-28장 | | 행 28장 | |

## 1일차 바울의 두 번째 선교 여행

**기본 읽기** 사도행전 16-18장
**핵심 읽기** 사도행전 16장

바울과 실라가 주로 활동한 지역은 마게도냐, 아덴, 고린도 등으로, 지금의 그리스 일대입니다. 원래 바울은 아시아로 가려고 했지만 환상 중에 마게도냐 사람이 나타나서 "건너와서 우리를 도우라"라는 간청을 듣고 목적지를 바꿉니다. 두 번째 선교 여행도 난관의 연속이었습니다. 빌립보에서 귀신 들린 자를 고쳤다가 바울과 실라는 옥에 갇힙니다. 하지만 그들은 그곳에서 간수와 그 가족을 전도합니다. 17장에서는 베뢰아 지역에서 말씀을 가르치기도 하고 아덴에서는 헬라 철학에 기반을 두고 전도를 합니다. 이후 고린도 일대로 이동한 바울은 그곳에서 브리스길라와 아굴라, 아볼로 같은 동역자들을 만나게 되는데 이들은 후에 교회의 지도자가 됩니다.

## 2일차 에베소에서 예루살렘으로

**기본 읽기** 사도행전 19-20장
**핵심 읽기** 사도행전 20장

바울은 에베소에서 석 달 동안 하나님 나라에 관하여 강론하지만, 사람들은 마음이 굳어 복음을 비방합니다. 그들을 떠나 바울은 제자들을 따로 데리고 나가서 두란노 서원에서 이 년 동안 말씀을 가르칩니다. 아데미 신을 섬기는 은 세공인들의 폭동에 휘말리기도 하는 등 바울의 에베소 사역은 다사다난합니다. 이 일이 일단락되자 바울은 마게도냐와 헬라 일대를 두루 다니며 성도들을 권면하고 격려하는 일을 지속합니다. 바울은 예루살렘으로 돌아가기 전에 교회들을 점검하고자 합니다. 바울의 고별 설교를 들은 장로들은 그의 여정이 얼마나 험난할지 짐작하고 크게 슬퍼합니다. 이제 바울은 예루살렘으로 향합니다. 20장부터는 "우리"라는 단어가 자주 등장하는데, 저자 누가가 바울과 함께 여정을 시작했기 때문입니다.

### 3일차 체포당한 바울

**기본 읽기** 사도행전 21-22장
**핵심 읽기** 사도행전 22장

바울이 배를 타고 예루살렘으로 향하자 성도들은 바울이 대제사장 무리에게 체포당할 것을 염려하여 예루살렘에 가는 것을 말립니다. 하지만 바울은 흔들리지 않고 예루살렘으로 향합니다. 야고보와 장로들은 바울의 신변을 걱정하여 그와 동행한 이들을 위하여 결례(정결의식)를 행할 것을 권유했고 바울이 이를 따르지만, 결례 기간이 끝나자 아시아에서 온 유대인들이 무리를 충동질하여 바울을 죽이려고 합니다. 위기의 순간, 군인들이 바울을 체포하여 보호합니다. 군대의 천부장이 허락하여 바울은 자신이 어떻게 예수님을 만났는지 사람들에게 담대히 간증합니다. 그러나 군중은 바울을 죽여야 한다면서 난동을 부립니다. 결국 군인들은 바울을 옥에 가두고, 바울은 로마 시민의 권한을 활용하여 자신의 신변을 보호합니다.

### 4일차 고발당한 바울

**기본 읽기** 사도행전 23-24장
**핵심 읽기** 사도행전 24장

바울이 공회 앞에서 다시 증언하며 부활을 말하자 바리새인과 사두개인 사이에 분열이 일어납니다. 그날 밤 주님은 바울을 위로하시고 로마에서도 증언할 것을 말씀하십니다. 예루살렘의 상황은 갈수록 급박해져서 바울을 기필코 죽이려는 유대인들이 집단 행동을 하는 지경까지 이르게 됩니다. 결국 예루살렘 군대의 천부장은 군인들을 바울에게 붙여 총독 벨릭스에게로 인도합니다. 대제사장 아나니아는 벨릭스에게 와서 바울을 정식으로 고소하고, 바울은 벨릭스 앞에서 자신의 무죄를 소명합니다. 벨릭스가 바울에게 호의적으로 대하며 그의 아내와 함께 찾아오자 바울은 그들에게 말씀을 전합니다. 벨릭스는 심판을 두려워하는 한편, 바울에게 뇌물을 기대하며 후임자 베스도가 올 때까지 수시로 바울을 불러 대화를 나눕니다.

## 5일차 로마 황제에게 상소하다

**기본 읽기** 사도행전 25-26장
**핵심 읽기** 사도행전 26장

신임 총독 베스도는 유대인의 마음을 얻기 위한 목적으로 예루살렘으로 가서 심문을 받을 것인지 바울에게 묻지만, 바울은 오히려 로마 황제에게 상소할 뜻을 밝힙니다. 얼마 뒤 베스도를 방문한 아그립바 왕과 버니게가 바울에 관해 듣습니다. 바울은 아그립바 왕 앞에서 자신이 어떻게 복음을 받아들이게 되었는지 자세히 설명합니다. 그의 말을 전부 들은 베스도는 바울에게 "네가 미쳤도다"라고 소리치지만, 정작 그의 석방을 지지합니다. 아그립바와 그 자리에 배석한 다른 이들 모두 바울의 무죄를 주장합니다. 그러나 바울은 제국의 심장부인 로마에 복음을 전하려는 꿈을 가지고 있었습니다. 이제 바울은 로마를 향해 갑니다.

## 6일차 제국의 심장부에 복음이 전파되다

**기본 읽기** 사도행전 27-28장
**핵심 읽기** 사도행전 28장

바울과 누가는 배를 타고 이달리야로 출항합니다. 그러나 항해하기에 좋은 계절이 아니어서 배는 지중해의 항구를 전전합니다. 바울은 사람들에게 항해를 늦추자고 권하지만, 선장과 선주는 바울의 말을 무시하고 항해를 밀어붙입니다. 결국 유라굴로라는 광풍을 만나 배가 난파됩니다. 그러나 바울은 로마를 향한 하나님의 뜻을 믿었기에 배에 탑승한 모든 사람을 격려합니다. 광풍으로 배는 좌초되었지만, 한 사람도 다치지 않고 전부 멜리데 섬에 상륙합니다. 석 달 후 일행은 멜리데 섬에서 배를 얻어 타고 다시 이달리야로 출항하여 로마에 무사히 도착합니다. 로마에서 바울은 가택 연금 상태 중에도 다양한 사람들을 만날 수 있었고, 그들에게 복음을 전합니다. 사도행전은 바울이 제국의 심장부인 로마에 도착하여 담대히 복음을 전하는 것으로 마무리됩니다.

2부

# 성/경/수/업

# 땅끝까지
# 내 증인이 되리라

이방인들이 듣고 기뻐하여
하나님의 말씀을 찬송하며
영생을 주시기로 작정된 자는 다 믿더라
사도행전 13장 48절

## Lesson 1 바울의 회심과 고넬료 사건

**예수,**
**만유의 주님**

우리가 알고 있듯이 바울은 교회를 핍박하던 사람이었습니다. 스데반의 순교 현장에 있던 바울은 스데반의 죽음을 마땅하게 여겼습니다(사도행전 7-8장). 심지어 바울은 교회를 완전히 무너뜨리려고 했습니다. 다메섹에 보낼 공문을 청해 그리스도의 도를 따르는 사람을 만나면 남녀를 막론하고 잡아 오려고 했습니다(사도행전 9:2). 기독교의 진리를 따르던 초대 교회의 성도들을 말이죠.

바울은 구약성경을 잘 알고 있었고 다양한 언어를 구사하는 박식한 사람이었으며, 게다가 로마 시민이었습니다. 하지만 바울은 예수님이 메시아라는 사실을 믿지 않았습니다. 그런 그에게 놀라운 사건이 일어납니다. 바울은 교회를 핍박하러 가던 바로 그 길, 다메섹 도상에서 예수님을 만나 회심하고 소명을 받습니다. 여기서 주목해야 할 점은 그의 회심과 소명이 부활하신 예수님의 나라와 관련이 있다는 사실입니다. 바울이 다메섹 도상에서 만난 태양보다 밝은 부활하신 예수님은 이스라엘 자손과 이방인과 임금들에게 복음을 전하라고 명하십니다.

예수님의 부르심에 바울은 곧바로 회심하고, 예수님이 그리스도이시며

바울은 다메섹 도상에서 **부활하신 예수님**을 만납니다. 예수님이 바울을 부르시자 그는 곧바로 **회심**합니다.

하나님의 아들이시라고 선포합니다(사도행전 9:20). 예수님이 메시아라는 사실을 믿지 않았던 바울은 예수님을 저주받은 자로 생각했을 것입니다. 신명기 21장 23절에 의하면, 예수님은 결코 복 있는 사람일 수 없기 때문입니다. "…나무에 달린 자는 하나님께 저주를 받았음이니라." 하지만 바울은 바로 이 구절을 인용하며 예수님이 우리를 위하여 저주를 담당하셨다고 설명합니다(갈라디아서 3:13). 우리는 단지 신약뿐만 아니라 구약의 렌즈를 통해서도 예수님을 이해해야 합니다. 사도행전의 상당 부분이 구약성경에 근거하여 예수님의 그리스도되심과 하나님의 아들되심을 설명합니다. 또한 예수님을 부활하신 그리스도로 믿는 것이 구약성경의 올바른 해석이며 참된 성취라고 이야기합니다.

바울의 회심 사건에 이어서 베드로가 이방인 고넬료에게 세례를 베푸는 장면이 등장합니다(10장). 고넬료는 로마 군대의 지휘관인 백부장으로서 로마를 대표하는 인물이었습니다. 그는 이스라엘 사람들에게 원수로 여겨졌던 사람입니다. 하지만 그는 하나님께 기도하던 사람이었습니다. 어느 날 베드로가 환상을 봅니다. 큰 보자기가 네 귀를 메어 내려왔고, 그 보자기 안에는 부정한 짐승들이 담겨 있었습니다. 베드로는 그 짐승들을 잡아먹으라는 음성을 듣습니다. 처음엔 무슨 뜻인가 싶어 의아해하지만, 고넬료가 보낸 사람들을 맞이하는 동안 베드로는 그 짐승들이 고넬료와 같은 이방인들을 의미한다는 사실을 깨닫습니다. 베드로는 환상을 보고 고넬료의 집에 찾아가서 나사렛 예수에 관한 이야기를 나눕니다.

베드로는 고넬료의 집에서 설교하면서 이방인들이 더 이상 부정한 존재가 아니라는 것을 깨닫습니다. 베드로는 예수님을 "만유의 주"라고 선포합니다(사도행전 10:36). 이로써 로마 백부장에게 로마 황제가 아닌 예수님이 만유의 주이심을 상기시킵니다. 십자가에서 죽으시고 죽음에서 부활하신 예수님은 이스라엘뿐만 아니라 모든 민족의 왕이심을 선포한 것입니다.

> 만유의 주 되신 예수 그리스도로 말미암아(사도행전 10:36)

예수님은 아담 안에서 태어나 죽을 수밖에 없는 모든 자의 주인이십니다. 그분의 부활은 인류의 운명과 관련이 있습니다. 만유의 주님이신 예수님의 구원과 죄 용서는 이스라엘만이 아니라 모든 사람에게 주어졌습니다. 예수님은 모든 민족의 주님이십니다. 따라서 복음은 모든 민족에게 흘러가야만 합니다.

## Lesson 2 바울의 설교 1

### 비시디아 안디옥에서의 바울

부활하신 예수 그리스도를 만나 회심하고 이방인의 사도로 부름 받은 바울은 곧바로 예수님의 하나님 나라 복음을 전합니다. 바울의 전도는 사도행전 13장에 잘 나타나 있습니다. 바울은 첫 번째 선교 여행 중 안디옥에 있는 한 회당에서 설교를 합니다. 사도행전에는 안디옥이 두 곳 나오는데, 이곳은 비시디아 안디옥이었습니다.

바울의 설교 내용은 스데반과 베드로의 메시지와 비슷합니다. 그리스도의 부활을 통한 복을 이스라엘의 역사적 맥락 가운데 설명하기 때문입니다. 13장 16-41절의 설교 첫 부분에서 바울은 이스라엘의 역사를 상당히 길게 요약합니다. 바울은 먼저 출애굽 사건과 구원에 관해 말합니다. 초대 그리스도인들에게도 출애굽은 매우 중요한 사건이었습니다. 출애굽은 하나님이 자기 백성을 어떻게 대하셨으며, 그들을 어떻게 구원하셨는지를 설명하는 틀입니다. 아울러 바울이 이 설교에서 가장 중요하게 언급한 것은 다윗의 왕권에 대한 약속입니다. 하나님은 처음에 베냐민 자손인 사울을 왕으로 세우셨지만, 이내 다윗을 세우십니다. 바울은 하나님이 약속하신 대로 다윗의 자손을 통해 구주를 세우셨다고 말합니다(23절). 세례 요한

이 예언한 구주 예수님을 하나님이 보내 주셨습니다.

바울은 이 설교에서 30절까지는 예수님을 거의 언급하지 않습니다. 30절 이하에 이르러서야 구원이 예수님을 통해 임한다고 선포하기 시작합니다. 바울은 여기서 구약성경의 세 구절을 인용합니다. 시편 2편 7절과 16편 10절, 이사야 55장 3절입니다. 앞서 베드로도 시편 16편 10절을 인용해서 그리스도의 부활과 승천을 설명하면서 다윗에게 주어진 약속이 그리스도의 부활을 통해 이루어진다고 말합니다. 여기서도 바울은 동일한 이야기를 합니다. 구약성경에 나오는 이 모든 말씀이 참된 이유는 예수님이 십자가에 달려 죽으시고 부활하신 메시아이시기 때문입니다. 구약의 예언을 성취하신 예수님의 부활은 모든 만물에 영향을 끼칩니다.

이어서 바울은 부활이 가져오는 결과를 설명합니다(38-41절). 예수님이 죽은 자 가운데서 부활하셨기 때문에 우리는 죄 사함을 받고 모세 율법의 정죄에서 의롭다함을 얻게 됩니다. 동시에 이것은 하나님이 행하신 일을 멸시해서는 안 된다는 경고이기도 합니다. 예수님을 죽은 자 가운데서 살리신 그 일을 멸시하지 말라는 것이죠. 그리스도의 메시지를 거부하는 자에게는 심판이 있습니다.

지금까지 살펴본 것이 바울이 제1차 선교 여행에서 전한 첫 번째 설교입니다. 회당에서 전한 말씀이기 때문에 청중은 대부분 유대인이었습니다. 하지만 우리는 사도행전을 읽어 가면서 부활의 메시지가 모든 사람에게 전파되는 것을 목도합니다. 구약의 성취에 대한 강조는 회당 설교뿐만 아니라 바울의 모든 선교지에서 강조되는 메시지입니다.

# Lesson 3　　바울의 설교 2

## 아덴과 에베소에서의 바울

바울은 데살로니가에서 베뢰아인을 만난 뒤 아덴으로 떠납니다. 그는 아덴에서 이전과는 약간 다른 방식으로 메시지를 전합니다. 바울은 만물을 창조하신 하나님이 한 분이시며, 그 하나님은 부활하신 예수님을 통해 이 세상을 심판하실 것이라고 선포합니다. 사도행전 17장 30-31절은 바울이 그의 두 번째 선교지인 아덴에서 행한 설교의 정점입니다.

> 알지 못하던 시대에는 하나님이 간과하셨거니와 이제는 어디든지 사람에게 다 명하사 회개하라 하셨으니 이는 정하신 사람으로 하여금 천하를 공의로 심판할 날을 작정하시고 이에 그를 죽은 자 가운데서 다시 살리신 것으로 모든 사람에게 믿을 만한 증거를 주셨음이니라 하니라(사도행전 17:30-31)

바울은 모든 사람을 향한 심판의 날이 다가오고 있다고 말합니다. 이 메시지는 회당에 있는 자나, 비시디아 안디옥에 있는 자는 물론 예루살렘, 로마, 아덴에 있는 자에게도 동일하게 적용됩니다. 우리 모두는 부활하신 만유의 주께 순종해야 합니다. 우리는 회개하고 그분을 구세주로 받아들여야 합니다. 이것이 사도행전에 나타난 구원 메시지의 핵심입니다.

바울은 아덴을 떠나 고린도를 거쳐 에베소로 장소를 옮겨 전도를 이어갑니다(18-19장). 바울은 에베소에서 약 2년 동안 머무르면서 그리스도인들을 양육합니다. 그리고 거기서 바울과 그 일행은 에베소에서 큰 도전을 마주하게 됩니다.

에베소에는 고대 세계 7대 불가사의 중 하나인 아데미 신전이 있었습니다. 아데미 신전은 에베소의 거대 자본의 중심지로서 그 지역 전체에 막대한 영향을 미치고 있었습니다. 이 신전의 경제가 곧 에베소의 경제였습니다. 19장에 등장하는 스게와의 일곱 아들은 마술을 행하는 자들이었습니다. 그들은 바울이 성령을 통해 강력한 기적을 행하는 모습을 목격하고는 예수의 능력과 자신들의 마술을 결합하려고 했습니다. "이에 돌아다니며 마술하는 어떤 유대인들이 시험삼아 악귀 들린 자들에게 주 예수의 이름을 불러 말하되 내가 바울이 전파하는 예수를 의지하여 너희에게 명하노라 하더라"(19:13).

이러한 시도를 '혼합주의'라고 하는데, 기독교를 타 종교와 뒤섞는 것을 일컫습니다. 스게와의 일곱 아들은 끝내 완전히 실패하고 맙니다. 그들의 실패를 보고 들은 수많은 마술사들은 자신들의 마술 책을 태워 버립니다. 그때 불살라진 책 값은 무려 은 오만이나 되었습니다. 에베소의 수많은 사람들이 혼합주의를 제거하고 그리스도께로 돌아온 것입니다. 이 사건을 통해 우리는 예수님을 따르기 위해서는 반드시 대가를 지불해야 한다는 사실을 다시 확인하게 됩니다.

이 사건이 낳은 사회적 파장은 크고 분명했습니다. 신전 경제에 혼란이 일어났고 에베소에 폭동이 발생합니다. 우상 숭배 위에 경제가 세워진 에베소 사람들이 우상으로부터 돌아선 것입니다. 이처럼 그리스도에 대한 온전한 헌신은 세상에 큰 영향을 미칩니다. 이처럼 우리가 진정으로 그리스도를 따를 때 잘못된 세상 가치는 무너집니다.

Lesson 4 **바울의 변론**

**부활과**

**구약 성취**

예루살렘에서 고난이 기다리고 있는 것을 알고도 예루살렘으로의 여정을 계속하던 바울은 마침내 유대인들에게 체포를 당합니다. 사도행전 21장에는 바울이 체포당해 재판을 받는 장면이 나오는데, 사람들은 바울이 성전을 더럽혔다며 그를 비난합니다. 하지만 바울은 규례를 어긴 적이 없었고 성전도 더럽히지 않았습니다. 그럼에도 사람들은 바울을 사로잡아 죽이려고까지합니다. 성전에 관한 거짓된 비난으로 예수님이 잡혀가신 것처럼 말이죠. 이때 바울은 자신이 로마 시민이라는 사실을 밝히고, 이에 당황한 사람들은 바울을 어떻게 처리할지 고민합니다.

22장에서 바울은 유대인 청중 앞에서 자신을 변호하고 복음을 변론합니다. 먼저, 다메섹 도상에서 부활하신 그리스도를 만난 이야기를 들려줍니다. 23장에서 바울은 유대인 지도자 모임인 산헤드린 공회원들 앞에서 변호합니다. 이때 바울은 전략적인 행동을 취합니다. 공회원 가운데는 바리새인과 사두개인이 함께 있었는데, 바리새인들은 부활을 믿는 반면 사두개인들은 부활을 믿지 않았습니다. 따라서 바울은 자신이 재판을 받는 이유가 죽은 자의 부활을 믿기 때문이라고 말합니다. 바울의 이와 같은 자

바울은 메시지의 초점을 부활에 맞춥니다. 그리고 이를 **율법**과 **선지자들의 글**의 **성취**라고 주장합니다.

기변호를 불리한 상황을 모면하기 위한 전략으로 볼 수도 있습니다. 하지만 바울의 신학에서 부활은 가장 중요한 주제이기도 합니다. 바울이 여기서 부활을 언급한 이유는 실제로 부활에 대한 믿음 때문에 바울이 사슬에 묶여 있기 때문입니다. 끝내 바울의 메시지는 공회원 사이에 큰 소동으로 번집니다. 이로 인해 천부장은 바울을 공회 밖으로 데리고 나와야 했습니다. 이후에 바울은 더 큰 재판을 받기 위해 벨릭스 그리고 베스도 총독 앞으로 끌려갑니다.

사도행전 24-26장에서 우리는 복음을 더욱 변호하는 바울의 모습을 볼 수 있습니다. 바울은 부활과 함께 그리스도께서 구약의 참된 성취자이심을 선언합니다.

> 나는 그들이 이단이라 하는 도를 따라 조상의 하나님을 섬기고 율법과 선지자들의 글에 기록된 것을 다 믿으며 그들이 기다리는 바 하나

님께 향한 소망을 나도 가졌으니 곧 의인과 악인의 부활이 있으리라 함이니이다(사도행전 24:14-15)

바울은 메시지의 초점을 부활에 맞춥니다. 그리고 이를 율법과 선지자들의 글의 성취라고 강조합니다. 바울은 아그립바 왕과 베스도 총독 앞에서 이렇게 말합니다. "당신들은 하나님이 죽은 사람을 살리심을 어찌하여 못 믿을 것으로 여기나이까"(26:8). 그런 다음, 구약을 인용해 다시 한번 강조합니다. "하나님의 도우심을 받아 내가 오늘까지 서서 높고 낮은 사람 앞에서 증언하는 것은 선지자들과 모세가 반드시 되리라고 말한 것밖에 없으니 곧 그리스도가 고난을 받으실 것과 죽은 자 가운데서 먼저 다시 살아나사 이스라엘과 이방인들에게 빛을 전하시리라 함이니이다"(26:22-23). 바울은 오직 율법과 모세에 관한 이야기를 통해 예수님의 죽음과 부활의 메시지가 모든 민족에게 전파되어야 한다고 전합니다. 바울은 성전을 더럽힌 적이 없었습니다. 그런데도 바울은 풀려나지 못합니다. 결국 바울은 가이사 앞에서 심문받기를 요구했고, 결국 로마로 떠나게 됩니다.

## Lesson 5 하나님 나라는 중단 없이 전진한다

### 거침없이 선포되는 복음

사도행전 마지막 장인 28장에서 우리는 하나님 나라 복음이 거침없이 선포되는 것을 목격합니다. 바울은 옥에 갇힐 만한 죄를 지은 적이 없었지만, 이미 수년간 갇혀 있었습니다. 로마 총독 역시 바울이 옥에 갇힐 만한 죄를 짓지 않았다고 생각했습니다. 하지만 바울은 가이사 앞에 서기 위해 로마로 갑니다. 바울이 로마에 도착했을 때 그곳에는 이미 그리스도인들이 있었습니다. 복음이 이미 로마에 전파되었던 것입니다. 여러 역경 중에서도 하나님의 말씀은 계속 흥왕하였습니다. 복음의 생명력은 바울이나 베드로, 빌립이나 스데반에게 달려 있지 않기 때문입니다. 복음을 전파하고 교회를 성장시키는 분은 하늘의 권능을 쥐고 계신 예수님뿐이기 때문입니다.

사도행전 28장 23절을 보면, 바울은 자신을 찾아오는 모든 사람에게 하나님 나라에 관해 강론합니다. 바울은 예수님이 어떻게 구약을 성취하셨는지를 지속적으로 가르칩니다. 이처럼 구약을 성취하신 예수 그리스도는 복음서와 사도행전에서 가장 중요한 주제입니다.

복음은 과거를 부정하거나 전혀 새로운 것을 말하지 않습니다. 복음은

바울은 자신을 찾아오는 모든 사람에게 **하나님 나라**에 관해 강론합니다.

오히려 과거의 성취이며, 하나님이 자기 백성 가운데 행하신 일의 정점입니다. 사도행전에 잘 드러나있듯이 복음은 이스라엘뿐만 아니라 모든 민족을 대상으로 합니다. 바울이 전한 마지막 메시지는 복음을 거부하지 말라는 경고를 동반합니다. 이사야 선지자의 말(이사야 6:9-10)을 인용해 바울은 말합니다.

> 이 백성에게 가서 말하기를 너희가 듣기는 들어도 도무지 깨닫지 못하며 보기는 보아도 도무지 알지 못하는도다. 이 백성들의 마음이 우둔하여져서 그 귀로는 둔하게 듣고 그 눈은 감았으니 이는 눈으로 보고 귀로 듣고 마음으로 깨달아 돌아오면 내가 고쳐 줄까 함이라 하였으니 그런즉 하나님의 이 구원이 이방인에게로 보내어진 줄 알라 그

들은 그것을 들으리라 하더라(사도행전 28:26-28)

바울은 로마에서 가택연금 상태에 있는 동안 자신을 찾아오는 모든 이에게 하나님 나라를 가르칩니다. 우리의 눈으로는 바울이 비참한 상황에 처한 것처럼 보입니다. 실제로 그는 거짓 비난 때문에 옥에 갇히고 풀려나지 못했으며 여전히 복음을 위하여 매인 자가 되었기 때문입니다. 하지만 바울은 복음에 대한 기대와 소망에 싸여 로마에 있었습니다. 바울은 자기는 매여 있지만, 복음은 결코 매이지 않는다고 선포합니다. 그리고 자신을 찾아오는 모든 사람에게 하나님의 은혜의 복음을 자유롭게 증언합니다.

바울은 빌립보서에서 자신의 매임이 모든 시위대에게 알려졌다고 말하면서 가이사의 집 사람 중 몇몇이 그에게 문안했다고 밝힙니다. 바울이 로마에 있는 동안 빌립보서를 썼다면, 복음은 로마 가이사의 집안 사람들에게도 전파된 것입니다. 바울은 매여 있지만 복음은 매이지 않았습니다. 복음은 그 누구도 막을 수 없습니다.

# READING JESUS

**리딩지저스**
**: 그리스도 중심으로 읽는 사도행전 2**

예수님이 승천하시면서 제자들에게 당부하셨던 예루살렘과 온 유대와 사마리아와 땅끝까지 이르러 자신의 증인이 되라는 말씀은 베드로와 사도들을 통해 이루어집니다. 이는 사도행전 전반부에서 성취됩니다. 그리고 이어지는 사도행전 후반부에서는 바울을 중심으로 복음이 땅끝까지 전파됩니다. 그렇다고 해서 바울만이 이방인 선교에 쓰임을 받은 것은 아니었습니다. 베드로 역시 고넬료에게 보냄을 받습니다. 그리스도는 유대인이든 이방인이든 차별 없이 구원하시며, 이를 위해 누구라도 사용하시는 분입니다.

베드로의 설교와 마찬가지로 바울의 설교 역시 철저히 그리스도 중심적입니다. 그의 설교는 예수님의 십자가 죽음과 부활에 철저히 초점이 맞추어져 있었습니다. 이를 믿고 회개하는 자들은 구원을 얻을 수 있다는 것이 바울의 메시지의 핵심입니다. 그리고 바울은 하나님의 놀라운 구원 계획 가운데 예수님이 오셨다는 사실을 강조합니다. 우리는 사도행전을 읽을 때 능력 있는 사도들이나 바울에게 집중해서는 안 됩니다. 오히려 그들이 전한 예수님, 바로 그분이 약속의 성취이며 정점임을 기억해야 합니다. 구약에서부터 면면히 이어져 내려오는 약속의 집합점, 유일한 성취가 바로 예수님이십니다. 따라서 사도행전은 예수님이 중심이 되는 책입니다.

# 3부 성경 나눔

## 사도행전 2

## 한눈에 보기

사마리아까지 전파된 복음은 베드로가 고넬료에게 세례를 줌으로써 이방인에게까지 확장됩니다. 드디어 복음이 땅끝까지 전파되기 시작합니다. 사도행전 후반부는 바울을 중심으로 전개됩니다. 그는 교회를 잔혹하게 박해하던 자였습니다. 바울은 자신을 가리켜 '죄인 중의 괴수'라고 말합니다. 그는 다메섹 도상에서 부활하신 예수님을 만나 회심하고 완전히 새 사람이 되어 이방인의 사도로 소명을 받게 됩니다.

바울은 자신이 가진 구약에 대한 해박한 지식을 동원하여 예수를 전하는 데 일생을 쏟습니다. 첫 번째 선교 여행지인 비시디아 안디옥에서 바울은 그리스도의 부활을 통한 이스라엘의 복에 관하여 설교합니다. 바울에게 예수님의 부활은 너무나 중요한 사건이었습니다. 이를 제외하고는 복음을 전할 수 없었습니다. 그는 예수님의 부활이 구약에서부터 이미 약속되고 예언된 일이었다는 확신 가운데 복음을 전합니다. 비시디아 안디옥에서의 바울의 설교는 베드로의 설교처럼 그리스도 중심적이며 부활을 강조하는 능력 있는 설교였습니다.

바울은 가는 곳마다 쉬지 않고 복음을 전했습니다. 아덴에서도 그랬고 에베소에서도 그랬습니다. 아덴은 그리스의 중심지로서 각종 철학 사상이 유행하던 문화와 지식의 본산이었습니다. 아덴 사람들은 높은 교육 수준으로 바울이 전하는 복음에 귀 기울였지만 받아들이지는 않았습니다. 그들은 복음을 학문이나 사상의 하나로 여겼습니다. 바울은 유대인들에게 전할 때와 달리 그들에게 알맞은 방법으로 복음을 전했습니다. 아덴을 떠나 에베소로 간 바울은 예수를 마술과 결합하여 받아들이려는 혼합주의와 마주하게 됩니다. 결국 그들은 회심을 하고 소유하고 있던 마술 책들을 불사릅니다. 회심자들이 늘어나자 에베소는 들썩였고, 예수의 이름을 믿는 것 때문에 폭동이 일어나기까지 했습니다. 예수를 믿는다는 것은 전적인 변화와 돌아섬을 의미합니다. 예수를 믿는 사람들은 참된 신과 우상이 무엇인지를 구별할 수 있게 됩니다. 에베소 사건은 이런 면에서 우리에게 큰 도전과 신앙의 시금석이 됩니다.

사도행전의 끝부분은 바울의 여러 변론을 보여 줍니다. 바울은 수많은 사람들, 관리들, 총독들 그리고 왕 앞에서 조금도 주저하지 않고 복음을 전합니다. 그는 예수님의 죽음과 부활이 구약에서 이미 약속된 일임을, 그리고 예수의 이름을 믿을 때만이 진정한 구원을 얻게 된다는 사실을 설파합니다. 심지어 로마에서 매인 상태로 있을 때에도 바울은 하나님 나라의 복음을 굳세게 선포합니다. 그로 인하여 복음은 흥왕하며 온 땅으로 퍼져 나갑니다. 하나님의 말씀은 어떤 환경에서도 매이지 않고 능력 있게 전파됩니다. 바울이 이 일에 큰 기여와 공헌을 한 것은 맞지만, 바울뿐만 아니라 여러 증인을 통해 먼저 일하시는 분은 성령 하나님입니다. 사도행전을 읽어 가면서 우리는 바로 이러한 복음 전파의 모습을 보게 됩니다.

**성경수업**

**돌아보기**

❶ 우리는 단지 신약뿐만 아니라 (         )의 렌즈를 통해서도 예수님을 이해해야 합니다. 사도행전의 상당 부분이 (                    )에 근거하여 예수님의 그리스도되심과 하나님의 아들되심을 설명합니다. 또한 예수님을 부활하신 그리스도로 믿는 것이 (                    )의 올바른 해석이며 참된 성취라고 이야기합니다. (성경수업 Lesson 1)

❷ 예수님의 부활은 인류의 운명과 관련이 있습니다. 만유의 주님이신 예수님의 구원과 죄 용서는 (                    )만이 아니라 모든 사람에게 주어졌습니다. 복음은 이러한 이해와 연결되어 있습니다. 예수님은 (                    )의 주님이십니다. 따라서 복음은 (                    )에게 흘러가야만 합니다. (성경수업 Lesson 1)

❸ 사도행전 17장 30-31절에서 바울은 모든 사람을 향한 (                    )이 다가오고 있다고 말합니다. 이 메시지는 모두에게 동일하게 적용됩니다. 우리 모두는 부활하신 만유의 주님께 순종해야 합니다. 우리는 (         )하고 그분을 (                    )로 받아들여야 합니다. 이것이 사도

행전에 나타난 구원 메시지의 핵심입니다. (성경수업 Lesson 3)

❹ 바울은 메시지의 초점을 (        )에 맞춥니다. 그리고 이를 율법과 선지자들의 글의 (        )라고 강조합니다. 바울은 오직 율법과 모세에 관한 이야기를 통해 예수님의 (        )과 (        )의 메시지가 (        )에게 전파되어야 한다고 전합니다. (성경수업 Lesson 4)

❺ 복음은 (        )뿐만 아니라 (        )을 포함합니다. 그리고 바울이 전한 복음의 메시지는 (        )을 가져다 주는 동시에 복음을 거부하지 말라는 (        )를 동반합니다. (성경수업 Lesson 5)

**정답**

1. 구약, 구약성경, 구약성경 2. 이스라엘, 모든 민족, 모든 민족 3. 심판의 날, 회개, 구세주 4. 부활, 성취, 죽음, 부활, 모든 민족 5. 이스라엘, 모든 민족, 죄 사함, 경고

## 나눔 질문

❶ '복음'으로 우리는 '참 신'과 '거짓 신'을 구별할 수 있습니다. 바울 시대의 사람들은 제우스와 헤르메스같은 신을 추종했고, 쾌락과 돈을 추구했습니다. 현대 사회에서도 신의 종류와 이름만 달라졌을 뿐, 여전히 사람들은 하나님이 아닌 다른 무언가를 따르고 추구합니다. 복음을 믿는 나는 하나님만을 섬기고 성경의 가치만을 추구하며 살고 있나요?

❷ 성경이 추구하는 가치와 전혀 다른 가치를 따르는 세상 속에서, 복음의 능력을 의지하고 복음을 드러내며 살아가기 위해 나는 어떻게 해야 할까요?

❸ 하나님의 복음이 내 삶에서 온전히 드러나 주변으로 흘러가기 위한 한 주간이 되기 위해 내가 실천할 수 있는 것들을 나누어 봅시다.

## 기도로 함께 소망하며

❶ 성경 말씀에 기초해, 찬양과 감사의 기도를 드립니다.

지금 내가 여러분을 주와 및 그 은혜의 말씀에 부탁하노니
그 말씀이 여러분을 능히 든든히 세우사
거룩하게 하심을 입은 모든 자 가운데 기업이 있게 하시리라
사도행전 20:32

❷ 일상의 변화를 소망하며, 회개와 결단의 기도를 드립니다.

❸ 서로를 위해, 또 교회를 위해 기도합니다.

## 시편 67편 1-7절

하나님은 우리에게 은혜를 베푸사 복을 주시고
그의 얼굴 빛을 우리에게 비추사 (셀라)
주의 도를 땅 위에,
주의 구원을 모든 나라에게 알리소서
하나님이여 민족들이 주를 찬송하게 하시며
모든 민족들이 주를 찬송하게 하소서
온 백성은 기쁘고 즐겁게 노래할지니
주는 민족들을 공평히 심판하시며
땅 위의 나라들을 다스리실 것임이니이다 (셀라)
하나님이여 민족들이 주를 찬송하게 하시며
모든 민족으로 주를 찬송하게 하소서
땅이 그의 소산을 내어 주었으니
하나님 곧 우리 하나님이 우리에게 복을 주시리로다
하나님이 우리에게 복을 주시리니
땅의 모든 끝이 하나님을 경외하리로다

7

# 로마서

**성경읽기** 로마서 1-16장

**성경수업** 모든 믿는 자에게 드러난 하나님의 의

**성경나눔**

## 로마서에 들어가며

예수님 승천 이후 복음은 예루살렘을 넘어 이방 땅까지 거침없이 전파되어 로마에까지 이릅니다. 로마에 최초로 복음을 전한 인물이 누구인지에 대해서는 신약성경에 기록이 없지만, 로마에 교회가 세워졌다는 소식을 접한 바울은 아직 만나 보지 못한 로마 교회 교인들에게 편지를 씁니다. 이 서신이 바로 로마서입니다. 교회 역사에서 로마서만큼 큰 영향을 미치거나 자세히 읽히고 연구된 편지도 없을 것입니다. 로마서는 총 16장으로 되어 있는데, 서신서 가운데 분량도 길지만 그 내용 또한 심오하여 편지 내용을 완벽히 이해한 학자가 없다고 해도 과언이 아닙니다. 지금도 다양한 관점에서 로마서 본문을 해설하는 새로운 논문과 저서가 나오고 있다는 사실은 그리 놀라운 일이 아닙니다. 따라서 이 책에서는 로마서에 대한 세밀한 해석과 신학적 논쟁이 아닌, 바울이 로마 교회 성도들에게 꼭 전하고 싶었던 복음의 핵심에 대하여 집중할 것입니다.

이번 주는 로마서를 통독하면서, 성경수업을 통해 로마서가 기록된 배경과 함께 예수 그리스도의 삶과 죽음, 부활을 통해 하나님이 성도들에게 주시는 하나님의 의와 믿음, 거룩한 삶에 대해서 살펴보겠습니다.

## 리딩지저스 영상 안내

리딩지저스 5권 7강: 로마서

QR코드를 찍으면 '로마서' 리딩지저스 영상으로 바로 연결됩니다. 또는 유튜브에서 '리딩지저스 로마서'를 검색하여 시청할 수 있습니다. '성경읽기'와 '성경수업'을 시작하기 전에 리딩지저스 영상을 시청하면 도움이 됩니다.

1부 — 성/경/읽/기

QR코드를 찍으면 **리딩지저스 오디오 바이블**로 연결됩니다. 45주 성경통독 일정에 맞추어 제작된 **오디오 바이블**을 통해 매일의 성경통독 분량을 부담 없이 완독할 수 있습니다. 그리스도 중심 성경읽기 《리딩지저스》와 함께하는 성경통독을 통해 하나님과 동행하는 하루하루가 되기를 소망합니다.

## 이번 주 성경읽기 스케줄

| 주일 | 리딩지저스 영상 시청, 성경수업 읽기 | | | |
|---|---|---|---|---|
| | 기본 읽기 | | 핵심 읽기 | |
| 월 | 롬 1-3장 | 완독 | 롬 1장 | |
| 화 | 롬 4-6장 | | 롬 5장 | |
| 수 | 롬 7-8장 | | 롬 8장 | |
| 목 | 롬 9-11장 | | 롬 11장 | |
| 금 | 롬 12-14장 | | 롬 12장 | |
| 토 | 롬 15-16장 | | 롬 15장 | |

## 1일차 스스로는 구원받을 수 없는 인간의 상태

**기본 읽기** 로마서 1-3장
**핵심 읽기** 로마서 1장

로마서는 바울이 로마 교회 교인들에게 쓴 편지입니다. 바울은 사정이 생겨 로마에 가지 못하게 되자 로마 교회 교인들이 하나님의 구원을 바로 이해하기를 바라는 마음으로 편지를 씁니다. 편지 도입부에서 바울은 "복음은 모든 믿는 자에게 구원을 주시는 하나님의 능력"(1:16)이라고 가르칩니다. 또한 인간 본성의 악을 신랄하게 고발합니다. 율법을 받은 유대인들은 그 율법을 지키지 못했을 뿐만 아니라, 이방인들을 함부로 정죄했습니다. 하지만 유대인이라고 해서 하나님의 의를 충족시킬 수는 없었습니다. 인간 스스로는 그 일을 행할 수 없기 때문입니다. 모든 인간은 스스로 구원받을 수 없는 비참한 상태에 빠져 있습니다.

## 2일차 그리스도로 말미암은 구원

**기본 읽기** 로마서 4-6장
**핵심 읽기** 로마서 5장

바울은 유대인의 조상 아브라함 역시 행위로 구원받은 것이 아님을 강조합니다. 아브라함은 하나님에 대한 믿음으로 의롭다 하심을 얻었습니다. 바울은 예수님이 우리의 죄로 인해 죽으셨고, 우리를 의롭다 하시기 위해 부활하셨다고 말합니다. 또한 우리가 그분을 믿음으로써 의롭다 하심을 받았으니 그리스도로 말미암아 화평을 누리라고 권면합니다. 바울은 아담과 그리스도를 비교하면서 구원에 관해 설명합니다. 한 사람 아담으로 말미암아 죄가 세상에 들어왔고, 한 사람 그리스도로 말미암아 우리가 의롭다 하심을 얻었다는 것입니다. 바울은 우리의 옛사람은 예수님과 함께 십자가에 못 박혔다고 가르칩니다. 우리는 이제 죄의 종이 아니라 의의 종이 되었습니다.

## 3일차 율법이 아니라 은혜

**기본 읽기** 로마서 7-8장
**핵심 읽기** 로마서 8장

바울은 율법이 우리의 죄를 고발하는 역할을 했다고 말합니다. 우리 속사람은 율법의 가르침과 반대되는 삶을 지향하며 선을 행할 능력과 의지가 없습니다. 그러나 그리스도 예수 안에 있는 생명의 성령의 법은 우리를 얽매는 죄와 사망의 법에서 해방해 줍니다. 바울은 우리의 연약한 육신은 율법의 요구를 이룰 수 없지만, 하나님의 영이 우리 안에 거하시면 이를 이룰 수 있다고 증언합니다. 우리는 여전히 연약하지만, 우리 안에 거하시는 성령님은 우리의 연약함을 도우시며 우리를 위하여 간구하십니다. 하나님이 우리를 택하셨기 때문에 그 무엇도 우리를 하나님의 사랑에서 끊을 수 없습니다.

## 4일차 차별 없이 부르시고 구원하시는 하나님

**기본 읽기** 로마서 9-11장
**핵심 읽기** 로마서 11장

바울은 이스라엘 민족의 구원에 대한 가르침을 다시 이어 갑니다. 이 가르침은 하나님이 택하신 자들에게 구원이 임한다는 내용으로 마치 자신이 원하는 그릇을 빚을 권리가 토기장이에게 있는 것과 마찬가지입니다. 먼저 선택받은 유대인들이 율법의 의를 이루지 못했기 때문에 하나님은 모든 이방인에게도 구원의 문을 열어 주십니다. 믿음은 율법이 아니라 복음을 듣는 데서 시작됩니다. 이 복음은 그리스도의 말씀에서 비롯합니다. 이를 듣고 수많은 이방인이 구원을 받습니다. 바울은 하나님이 이스라엘을 버리시지 않는다고 가르칩니다. 언젠가 이스라엘도 하나님의 때에 구원받을 것입니다.

## 5일차 복음을 받아들인 자의 삶

**기본 읽기** 로마서 12-14장
**핵심 읽기** 로마서 12장

복음의 원리를 세밀하게 설명한 바울은 이제 그리스도인의 삶을 언급합니다. 더 이상 희생 제사는 필요하지 않습니다. 그 대신 우리 몸을 하나님이 기뻐하시는 거룩한 제물로 드려야 합니다. 바울은 이 세대가 원하는 것이 아니라 하나님이 원하시는 삶의 모습을 살아 내야 한다고 말합니다. 그리스도인은 형제를 사랑하는 것을 넘어서 원수를 사랑으로 품어 주고, 세상의 권세에 복종하며 형제를 사랑하고 비판하지 않아야 한다고 가르칩니다. 바울은 "사랑의 빚 외에는 아무에게든지 아무 빚도 지지 말라"(13:8)라고 권면합니다. 이렇게 해야 하는 이유는 우리의 구원이 처음 믿을 때보다 가까워졌기 때문입니다.

## 6일차 선을 이루고 덕을 세우기

**기본 읽기** 로마서 15-16장
**핵심 읽기** 로마서 15장

15장에서 바울은 각 사람이 이웃을 기쁘게 하되 선을 이루고 덕을 세우라고 권면합니다. 그리스도께서 우리를 받아 주심으로써 하나님께 영광을 돌리신 것처럼, 우리도 서로를 받아 주어야 합니다. 이러한 권면을 끝으로 바울은 로마에 방문할 것이며, 로마를 거쳐 서바나(스페인)로 가고 싶다는 뜻을 전합니다. 이후 16장에서 바울은 여러 지체를 교회 지도자로 천거하며 문안 인사를 전합니다. 그 이름에는 브리스가와 아굴라처럼 익숙한 이들도 있지만, 그렇지 않은 이들이 더 많습니다. 그들은 모두 하나님의 복음을 위하여 헌신한 사람들이었습니다.

# 2부

# 성/경/수/업

# 모든
# 믿는 자에게 드러난
# 하나님의 의

복음에는 하나님의 의가 나타나서
믿음으로 믿음에 이르게 하나니 기록된 바
오직 의인은 믿음으로 말미암아 살리라
함과 같으니라

로마서 1장 17절

# Lesson 1 로마서의 배경

## 유대인 그리스도인과 이방인 그리스도인

로마서는 바울이 교회를 향해 쓴 서신서 중 가장 긴 편지입니다. 바울은 제3차 선교 여행(주후 약 57년)을 하던 중에 고린도에서 로마 교회에 편지를 씁니다. 이 편지는 고린도의 항구 도시에 세워진 겐그레아 교회의 일꾼인 뵈뵈(로마서 16:1)가 로마 교회에 전달한 것으로 알려져 있습니다. 바울은 이 편지를 통해 그가 얼마나 로마 교회를 방문하고 싶어 하는지, 얼마나 성도들을 대면하고 싶어 하는지를 전합니다. 바울은 진정 그들이 복음을 바로 이해하기를 원했습니다.

많은 사람들이 로마서를 교리서로 인식하고 있지만, 로마서는 당시 로마 교회가 겪고 있던 문제들을 배경으로 쓴 '편지'입니다. 유대인 그리스도인과 이방인 그리스도인으로 구성되어 있던 로마 교회는 두 집단 사이에 큰 갈등을 겪고 있었습니다. 유대인 그리스도인들은 복음을 받아들인 이후에도 여전히 모세의 율법과 유대 관습을 지켰고, 이방인 그리스도인들은 율법에 얽매이지 않았기 때문입니다. 따라서 두 집단 간에 긴장이 존재했고, 서로 의견이 일치되지 않는 문제들이 있었습니다. 예를 들어, 구약의 음식법이나 할례, 안식일 규례와 같은 유대 율법을 이방인 그리스도인

바울은 제3차 선교 여행(주후 약 57년)을 하던 중에 고린도에서 로마 교회에 편지를 씁니다.

들이 지켜야 하는지에 대해 첨예한 논란이 있었습니다.

이러한 어려움을 겪고 있던 로마 교회 성도들을 향해 바울은 유대인과 이방인 모두가 그리스도 안에서 하나라는 사실과 복음의 참된 의미를 선명하게 드러내며 다음과 같이 말합니다.

> 내가 복음을 부끄러워하지 아니하노니 이 복음은 모든 믿는 자에게 구원을 주시는 하나님의 능력이 됨이라 먼저는 유대인에게요 그리고 헬라인에게로다 복음에는 하나님의 의가 나타나서 믿음으로 믿음에 이르게 하나니 기록된 바 오직 의인은 믿음으로 말미암아 살리라 함과 같으니라(로마서 1:16-17)

사도 바울은 예수 그리스도의 복음이 "구원을 주시는 하나님의 능력"이며, 전혀 부끄러워할 것이 아니라고 말합니다. 그리고 하나님의 구원은 어느 한 민족만을 위한 것이 아니라 유대인과 이방인 모두에게 해당된다고 분명히 말합니다. 여기서 '헬라인'이란 모든 이방인을 가리킵니다.

바울은 로마서의 많은 지면을 할애해 왜 율법이 아닌 믿음으로 구원을 얻는지, 복음과 율법의 관계가 무엇인지, 왜 아브라함이 유대인의 조상일 뿐만 아니라 이방인의 조상인지, 이스라엘 민족의 구원은 어떻게 생각해야 하는지를 설명합니다. 로마서가 기록된 배경을 염두에 둘 때, 우리는 바울이 이러한 주제들에 대하여 자세히 설명하는 이유를 이해할 수 있습니다.

이제 바울은 유대인과 이방인의 구분 없이 인류가 공통적으로 직면한 본질적인 문제를 펼쳐 보입니다. 하나님으로부터 떠나 홀로 자신의 인생을 경영하려 하지만 본질적으로는 하나님을 반역하고 있는 모든 인간의 비참한 상태를 드러냅니다.

## Lesson 2 의인은 없나니 하나도 없으며

### 인간의 최종적 운명

바울은 로마서 초반부(로마서 1:18-3:20)에서 모든 인간이 죄인이라는 사실을 먼저 설명합니다. 하나님은 인간을 그분의 형상대로 창조하셨습니다. 그리고 본능적으로 하나님을 알 수 있는 씨앗을 인간의 마음에 심어 두심으로써 창조 세계에 가득한 하나님의 능력과 영광을 알 수 있도록 하셨습니다. 그러나 인간은 하나님을 알면서도 그 진리를 도리어 억누르며, 창조주이신 하나님을 외면하고 피조물의 여러 모양으로 우상을 만들어 섬기게 됩니다. 만물을 다스리도록 부름받은 존재가 도리어 피조물을 섬기는 일이 벌어진 것입니다. 그 결과 인간은 마음에 하나님 모시기를 싫어할 뿐만 아니라(1:28), 차마 입에 담기 어려운 여러 가지 죄악을 범하게 됩니다.

> 곧 모든 불의, 추악, 탐욕, 악의가 가득한 자요 시기, 살인, 분쟁, 사기, 악독이 가득한 자요 수군수군하는 자요 비방하는 자요 하나님께서 미워하시는 자요 능욕하는 자요 교만한 자요 자랑하는 자요 악을 도모하는 자요 부모를 거역하는 자요 우매한 자요 배약하는 자요 무정한 자요 무자비한 자라(로마서 1:29-31)

이보다 더욱 악한 일은 하나님을 향한 반역 행위들을 옳다고 지지하거나, 그러한 행위를 비판하면서도 결국 자신들도 똑같은 일을 저지르는 것입니다. 바울은 유대인이나 이방인이나 관계없이 모두가 이러한 죄악 상태에 빠져 있다고 선언합니다. 우리 '모든' 인간은 동일하게 죄인이라는 것입니다.

> 그러면 어떠하냐 우리는 나으냐 결코 아니라 유대인이나 헬라인이나 다 죄 아래에 있다고 우리가 이미 선언하였느니라 기록된 바 의인은 없나니 하나도 없으며 깨닫는 자도 없고 하나님을 찾는 자도 없고… 그들의 눈 앞에 하나님을 두려워함이 없느니라(로마서 3:10-11, 18)

따라서 모든 인간의 최종적인 운명은 하나님의 진노 아래 다가올 심판을 기다리며 죽음을 직면하는 것뿐입니다.

# Lesson 3　믿음으로 얻는 하나님의 의

## 구원의 방법

바울은 강한 어조로 모든 사람이 죄 아래 놓여 있다는 사실과 함께 하나님의 의를 통한 구원 역시 모든 사람에게 베풀어진다는 놀라운 반전의 진리를 설명합니다.

> 이제는 율법 외에 하나님의 한 의가 나타났으니 율법과 선지자들에게 증거를 받은 것이라 곧 예수 그리스도를 믿음으로 말미암아 모든 믿는 자에게 미치는 하나님의 의니 차별이 없느니라 모든 사람이 죄를 범하였으매 하나님의 영광에 이르지 못하더니(로마서 3:21-23)

죄악에 빠진 인간은 자신의 공로나 율법을 통하여 하나님의 영광에 걸맞은 의로움을 얻으려고 스스로 노력합니다. 하지만 인간의 노력은 하나님의 거룩하고 정의롭고 완전한 의의 요구를 결코 충족시킬 수 없습니다. 사람은 어떤 방법으로든, 어떤 경로를 통해서든, 스스로를 절대 구원할 수 없는 존재입니다(로마서 3:20). 그런데 하나님은 이러한 인간에게 한 새로운 "의"를 보이십니다(21절). 바로 "예수 그리스도"이십니다(22절).

바울은 예수 그리스도는 갑자기 나타난 분이 아니라고 말합니다. 예수님은 "율법과 선지자의 증거를 받은" 분으로서(21절), 구약성경을 통하여 약속되고 예언된 분입니다. 우리는 계속해서 이 점을 살펴보았고, 바울 역시 이를 상기시켜 줍니다. 하나님의 의로 죄인들을 구원하러 오신 예수님은 그를 믿는 모든 자에게 차별 없이 구원을 베푸십니다(22절). 구약의 율법은 이스라엘 백성에게만 주어졌지만, 하나님의 의이신 예수님은 유대인이나 이방인을 구별하지 않고 하나님의 선물인 구원을 베풀어 주십니다.

> 그리스도 예수 안에 있는 속량으로 말미암아 하나님의 은혜로 값 없이 의롭다 하심을 얻은 자 되었느니라(로마서 3:24)

또한 바울은 하나님이 예수님을 "그의 피로써 믿음으로 말미암는 화목제물로" 세우셨다고 증거합니다(25절). 곧 죄로 인해 하나님의 진노 아래 있는 자들이 지불해야 할 형벌을 예수님이 대신 지게 하셨다는 말이죠. 이를 통해 하나님은 우리가 지은 죄를 용서하시고, 예수님을 믿는 사람들을 의롭다 하십니다(26절).

바울의 설명을 통해 우리는 구원의 방법을 알게 됩니다. 하나님의 참 의로움이신 예수님을 구주로 받아들여야 구원을 받는데, 그 길은 오직 '믿음'뿐이라는 사실입니다. 즉, 자신의 행위나 성과가 아니라 예수님이 화목제물로서 우리를 위해 행하신 일을 믿고 의존하는 것이 구원의 유일한 방법입니다.

> 그런즉 자랑할 데가 어디냐 있을 수가 없느니라 무슨 법으로냐 행위로냐 아니라 오직 믿음의 법으로니라 그러므로 사람이 의롭다 하심

하나님이 **아브라함을 의롭다고 하신 것**은 아브라함이 **하나님의 약속을 믿고** 그분이 자신을 통해 이루실 일들을 **신뢰**했기 때문입니다.

을 얻는 것은 율법의 행위에 있지 않고 믿음으로 되는 줄 우리가 인정하노라(로마서 3:27-28)

만일 구원이 우리가 한 일에 근거한다면, 하나님의 구원하심이 마치 고용주가 일꾼에게 보수를 주는 것과 같은 셈이 됩니다. 그러나 '의'는 하나님을 위해 일하는 자들에게 임하는 것이 아닙니다. 예수님을 믿으면 "하나님의 은혜로 값 없이"(24절) 의롭다 하심을 얻는 것입니다.

이러한 맥락에서 바울은 아브라함 역시 하나님에 대한 믿음으로 의롭다 하심을 얻었다고 강조합니다. 하나님이 아브라함을 의롭다고 하신 것은 아브라함이 하나님의 약속을 믿고 그분이 자신을 통해 이루실 일들을 신뢰했기 때문입니다. 따라서 아브라함은 유대인의 조상일 뿐만 아니라, 믿음으로 의롭다 하심을 얻은 모든 이방인 그리스도인의 조상이 됩니다. 아울러 하나님의 의가 되신 예수 그리스도를 믿는 우리 역시 믿음으로 말미암아 의롭다 하심을 얻습니다.

# 그리스도와 연합된 자들

## 하나님 사랑의 확증

로마서 5장은 믿음으로 의롭다 하심을 얻은 자들은 더 이상 하나님의 진노 아래 두렵게 지내지 않고, 하나님과 화평하게 살아가는 존재가 되었다고 말합니다. 이는 곧 우리를 향한 하나님의 사랑의 확증입니다.

> 우리가 아직 죄인 되었을 때에 그리스도께서 우리를 위하여 죽으심으로 하나님께서 우리에 대한 자기의 사랑을 확증하셨느니라(로마서 5:8)

이어서 바울은 아담과 예수님을 대조합니다. 아담은 인류를 대표하여 하나님께 반역함으로써 이 세상에 죄와 사망을 가져왔지만, 예수님은 하나님의 의와 생명을 가져오셨습니다. 이로써 아담이 아닌 예수님이 그분을 믿는 자들, 곧 새 인류의 대표자가 되셨습니다. 바울은 매우 명확하게 대조되는 두 대표를 통해 이제 우리가 누구 안에 거해야 하는지를 설명합니다. 아담의 죄로 인하여 죄와 사망이 왕노릇하던 시대는 이제 예수 그리스도를 통하여 의와 생명의 시대로 바뀌었습니다. 누구든지 그리스도를 믿고 그분을 왕으로 삼는다면, 그들은 그분의 백성이자 하나님의 자녀가 되고, 그리스도가 가져오신 의와 생명을 소유하게 됩니다.

그리스도를 믿는 자들은 이제 죄 가운데 거하지 아니하고 그분과 합하여 하나된 자들입니다. 그리스도와 하나가 되었기 때문에 새로운 존재가 된 것이죠. 따라서 그리스도를 믿는 믿음과 그분을 향한 순종을 고백하는 사람들이 받는 세례는, 바로 '그리스도와의 연합'을 상징합니다. 성도들은 그리스도와 함께 죽고, 그리스도와 함께 살리심을 받음으로써 새 생명을 얻습니다. 그분과 연합된 자들은 죄와 사망의 권세에서 벗어나 새 생명의 삶을 살아가게 됩니다.

> 그러므로 우리가 그의 죽으심과 합하여 세례를 받음으로 그와 함께 장사되었나니 이는 아버지의 영광으로 말미암아 그리스도를 죽은 자 가운데서 살리심과 같이 우리로 또한 새 생명 가운데서 행하게 하려 함이라(로마서 6:4)

그러나 로마서 7장은 우리를 죄악의 깊은 곳으로 끌어들이는 유혹이 존재한다는 사실을 알려 줍니다. 우리는 여전히 육신의 연약함과 악한 본성을 지니고 있습니다. 그래서 하나님이 기뻐하시는 일을 하지 못하거나, 그분이 원치 않으시는 일을 행하여 곤고함 가운데 몸부림 치기도 합니다.

그렇지만 우리가 기억해야 할 놀라운 사실이 있습니다. 하나님이 이미 의롭다 하신 자들, 곧 예수님과 연합한 자들에게는 더 이상 정죄함이 없다는 사실입니다(로마서 8:1). 바울은 이 가슴 벅찬 사실을 더욱 상세하게 표현합니다. 그리스도와 연합한 자들은 하나님의 영으로 말미암아 거룩하고 의로우신 하나님을 '아빠 아버지'라고 부르는 특권(15절)을 가지게 되었다는 놀라운 선언을 합니다. 하나님이 진노의 대상이었던 자들을 아들과 딸로 삼으신 것은 진정 놀라운 사건입니다. 하나님은 그 자녀들을 예수 그리스도의 사랑 안에서 마지막 날까지 지키실 것이며, 성령님 또한 그들을 도우실 것입니다.

> 그런즉 이 일에 대하여 우리가 무슨 말 하리요 만일 하나님이 우리를 위하시면 누가 우리를 대적하리요 자기 아들을 아끼지 아니하시고 우리 모든 사람을 위하여 내주신 이가 어찌 그 아들과 함께 모든 것을 우리에게 주시지 아니하겠느냐(로마서 8:31-32)

> 내가 확신하노니 사망이나 생명이나 천사들이나 권세자들이나 현재 일이나 장래 일이나 능력이나 높음이나 깊음이나 다른 어떤 피조물이라도 우리를 우리 주 그리스도 예수 안에 있는 하나님의 사랑에서 끊을 수 없으리라(로마서 8:38-39)

이제 바울은 9장부터 11장까지 이스라엘의 구원에 대한 문제를 꽤 길게 다루면서 하나님이 택하셨던 이스라엘의 앞날에 대해 설명합니다. 먼저, 바울은 이스라엘이 구원에서 멀어진 것은 하나님의 불의가 아니라 이스라엘의 죄악 때문이라고 말합니다. 하나님이 이스라엘에게 하신 약속은 폐하여 지지 않았고, 구원에 대한 모든 주권은 자기 백성을 긍휼히 여기시는 하나님께 철저히 달려 있다고 강조합니다. 그러므로 이스라엘이 예수님을 믿고 돌아온다면, 그 누구라도 구원에 동참할 수 있음을 역설합니다.

바울은 이스라엘과 이방인에 대한 하나님의 구원 계획을 웅변적으로 설명하는데, 결국 바울이 깨달은 것은 측량할 수 없는 하나님의 지혜였습니다. 인간의 힘이나 지혜로는 알 수도 잴 수도 깨달을 수도 없는 구원의 신비한 지혜에 압도당한 바울은 이스라엘의 구원에 대해 설명하던 중에 갑자기 찬양을 올립니다. 그리고 하나님을 송축함으로써 로마서 1장부터 11장에 걸친 대단원의 막을 내립니다.

> 깊도다 하나님의 지혜와 지식의 풍성함이여, 그의 판단은 헤아리지 못할 것이며 그의 길은 찾지 못할 것이로다(로마서 11:33)

> 이는 만물이 주에게서 나오고 주로 말미암고 주에게로 돌아감이라 그에게 영광이 세세에 있을지어다 아멘(로마서 11:36)

## 그리스도 안에서

## 함께

로마서 12-16장에서 바울은 그리스도와 연합하여 새사람이 된 자들이 이 세상을 어떻게 살아가야 하는지, 하나님이 주신 은혜에 반응하여 사는 삶이 무엇인지에 대해 구체적으로 설명합니다. 그중 12장 1-2절은 성도의 삶에 두 가지 큰 원칙을 제공합니다. 첫 번째 원칙은 '우리의 모든 것을 하나님께 흠 없이 드리는 일'입니다.

> 그러므로 형제들아 내가 하나님의 모든 자비하심으로 너희를 권하노니 너희 몸을 하나님이 기뻐하시는 거룩한 산 제물로 드리라 이는 너희가 드릴 영적 예배니라(로마서 12:1)

여기서 "몸"은 우리의 육체뿐만 아니라 지·정·의를 포함한 전인격을 의미합니다. 구약의 예배에서는 성전에서 제물을 드리는 것으로 하나님께 헌신을 표현했다면, 신약시대에는 우리 삶 전체를 드림으로써 참된 영적 예배가 됩니다. 성도의 삶에 대한 두 번째 원칙은 '하나님이 기뻐하시는 것을 분별하고 행하는 일'입니다.

우리는 하나님께 모든 것을 드림으로써 참된 **영적 예배**를 드릴 수 있습니다.

> 너희는 이 세대를 본받지 말고 오직 마음을 새롭게 함으로 변화를 받아 하나님의 선하시고 기뻐하시고 온전하신 뜻이 무엇인지 분별하도록 하라(로마서 12:2)

우리가 사는 시대는 악하며 그리스도에게 속한 성도들을 끊임없이 유혹합니다. 그러므로 우리는 "마음"이 새롭게 됨으로 삶이 변화되는 것을 경험하고, 성령님께 늘 의지함을 통해 하나님이 진정으로 원하시는 것이 무엇인지를 분별하고 행해야 합니다.

바울은 이러한 대원칙을 기반으로, 그리스도인이 일상 속에서 적용해야 할 실제적인 행동들을 가르쳐 줍니다. 무엇보다 믿음이 연약한 자들을 위해 스스로의 자유를 제한하고 서로 화평하며 덕을 세우라고 권면합니다.

박해하고 핍박하는 자를 저주하지 말고, 도리어 그들을 축복하고 세상 권세를 위해 기도하며 주님의 재림을 기억함으로써 자신을 거룩하게 지키라고 권면합니다.

바울은 마지막 인사를 통해 교회 안에 있는 각 사람의 귀중함을 일깨워 줍니다. 로마서 마지막 장에는 여러 사람이 등장하는데, 이는 하나님의 일을 위해서는 함께하는 이들이 중요함을 가르쳐 줍니다. 그리스도 안에서 의롭게 되어 그리스도와 연합한 동지들, 그래서 그 거룩함을 함께 좇는 사람들, 주님이 오실 날까지 함께 나아가는 사람들이야말로 바울에게 보배요 자랑인 것이죠. 결국 우리가 가진 복음의 능력이 발휘되는 대상은 사람이기 때문입니다.

# READING JESUS

**리딩지저스**

**: 그리스도 중심으로 읽는 로마서**

복음은 "구원을 주시는 하나님의 능력"(로마서 1:16), 하나님의 구원 메시지입니다. 하나님은 죄인인 우리를 구원하시기 위하여 모든 것을 내어 주셨습니다. 그리고 죄 가운데 놓여 죽을 수밖에 없던 우리를 예수 그리스도를 통해 구원하셨습니다. "네가 만일 네 입으로 예수를 주로 시인하며 또 하나님께서 그를 죽은 자 가운데서 살리신 것을 네 마음에 믿으면 구원을 받으리라 사람이 마음으로 믿어 의에 이르고 입으로 시인하여 구원에 이르느니라"(로마서 10:9-10). 우리는 예수 그리스도의 십자가를 통해 죄로부터 구원을 받아야 합니다. 예수님은 그를 믿는 자들을 구원하시고 그 안에 들어와 의와 생명을 선사하십니다. 예수님을 믿고 그분과 연합한 자들은 하나님의 자녀가 되는 특권을 누리게 됩니다. 하나님의 자녀가 된 자들은 하나님을 "아빠 아버지"(로마서 8:15)라고 부를 수 있습니다. 하나님은 옛사람의 습성을 입고 여전히 연약한 가운데 있는 우리를 끝까지 사랑하시고 지켜 주십니다. 우리는 복음의 능력을 의지하여 거룩한 삶을 살 수 있으며, 하나님을 영화롭게 하고 영원토록 그분을 기뻐할 수 있습니다.

# 3부

# 성/경/나/눔

## 로마서

## 한눈에 보기

로마 교회는 유대인 그리스도인과 이방인 그리스도인들로 구성되어 있었습니다. 그 두 집단 사이에는 유대 율법과 관습을 지키는 것의 여부를 두고 큰 갈등이 발생했습니다. 이러한 정황에서 바울은 유대인과 이방인 모두가 그리스도 안에서 한 가족이라는 사실과 함께 복음의 참된 의미를 선명하게 드러내기 위해 로마서를 썼습니다.

모든 인간이 죄인이라는 사실은 인류가 공통적으로 직면한 본질적 문제입니다. 하나님의 형상으로 창조된 인간은 하나님을 알면서도 그 진리를 도리어 부정하며 여러 우상을 만들어 섬겼습니다. 인간은 마음에 하나님을 모시는 것을 싫어할 뿐만 아니라, 여러 죄악을 범하는 존재입니다. 따라서 모든 인간은 하나님의 진노 아래 다가올 심판을 기다리며 죽음을 직면할 뿐입니다.

죄악에 빠진 인간은 자신의 공로와 율법을 통하여 의로움을 얻으려고 합니다. 하지만 인간은 자신을 결코 구원할 수 없습니다. 하나님은 이러한 인간에게 새로운 의, 곧 예수 그리스도를 보내십니다. 죄인을 구원하러 오신 예수님은 모든 믿는 자에게 차별 없이 하나님의 선물인 구원을 베푸십니다. 로마서는 이러한 맥락에서 하나님에 대한 믿음으로 의롭다 하심을 얻은 아브라함이 '유대인의 조상'일 뿐만 아니라, 믿음으로 의롭다 하심을 얻은 '모든 이방인의 조상'임을 강조합니다.

예수 그리스도를 믿음으로 의롭다 하심을 얻은 자들은 더 이상 하나님의 진노 아래 놓인 존재가 아닌, 하나님과 화평하게 살아가는 존재가 됩니다. 아담은 인류를 대표하여 이 세상에 죄와 사망을 가져왔지만, 예수님은 하나님의 의와 생명을 가져오셨습니다. 따라서 새 인류의 대표자되신 그리스도와 연합된 자들은 죄와 사망의 권세에서 벗어나 새 생명의 삶을 살아가게 됩니다. 우리는 육신의 연약함과 악한 본성으로 인해 비록 죄의 유혹에 빠지기도 하지만, 하나님은 이미 의롭다 여김 받은 자들을 더 이상 정죄하지 않고 끝까지 사랑하십니다. 이처럼 하나님의 주권적인 구원 계획을 통해 우리는 로마서에 나타난 측량할 수 없는 하나님의 지혜를 발견할 수 있습니다.

로마서 후반부에서 바울은 그리스도와 연합하여 새 사람이 된 자들이 이 세상을 어떻게 살아가야 하는지를 구체적으로 가르칩니다. 첫째, 우리의 모든 것을 하나님께 흠 없이 드리는 일입니다(로마서 12:1). 둘째, 하나님이 기뻐하시는 일을 분별하고 행하는 것입니다(로마서 12:2). 하나님은 죄 가운데 놓여 죽을 수밖에 없던 우리를 예수 그리스도를 통해 구원하셨습니다. 하나님은 예수님을 믿고 그분과 연합한 자들에게 하나님의 자녀가 되는 특권을 주셨습니다. 그러므로 우리는 복음의 능력을 의지하여 거룩한 삶을 살 수 있으며, 하나님을 영화롭게 하고 영원토록 그분을 기뻐할 수 있습니다.

## 성경수업

## 돌아보기

❶ 바울은 유대인과 이방인 모두가 그리스도 안에서 한 (            )이라는 사실과 (            )의 참된 의미를 선명하게 드러내고자 로마서를 썼습니다. 사도 바울은 예수 그리스도의 복음이 유대인과 이방인 모두에게 구원을 주시는 하나님의 (            )이라고 말합니다. (성경수업 Lesson 1)

**"내가 (            )을 부끄러워하지 아니하노니 이 복음은 모든 믿는 자에게 구원을 주시는 하나님의 (            )이 됨이라 먼저는 (            )에게요 그리고 (            )에게로다"**(로마서 1:16)

❷ 바울은 유대인이나 이방인이나 관계없이 모두가 (            ) 상태에 빠져 있다고 말합니다. 우리 (            ) 인간은 동일하게 (            )입니다. (성경수업 Lesson 2)

❸ 로마서는 예수님을 구주로 받아들이는 길은 오직 (            )뿐이라고 말합니다. 이러한 맥락 가운데 바울은 (            ) 역시 하나님에 대한 믿음으로 의롭다 하심을 얻었음을 강조합니다. 따라서 (            )은 유대인의 조상일 뿐만 아니라, (            )으로 의롭다 하심을 얻은 모든 이방인 그리스도인의 조상이 됩니다. (성경수업 Lesson 3)

❹ 우리가 기억해야 할 놀라운 사실이 하나 있습니다. 하나님이 이미 의롭다 하신 자들, 곧 예수님과 연합한 자들에게는 더 이상 (                )이 없다는 사실입니다. 이어서 로마서 9-11장은 모든 구원의 (          )이 철저히 하나님께 속했다는 사실을 가르쳐 줍니다. 이스라엘과 이방인에 대한 하나님의 구원 계획을 통해 우리는 측량할 수 없는 하나님의 (          )를 봅니다. (성경수업 Lesson 4)

❺ 로마서 12장 1-2절은 성도의 삶에 두 가지 큰 원칙을 제공합니다. (성경수업 Lesson 5)

- 첫째, 우리의 (          ) 것을 하나님께 흠 없이 드리는 일
- 둘째, 하나님이 (                              ) 것을 분별하고 행하는 일

**정답**

1. 가족, 복음, 능력, 복음, 능력, 유대인, 헬라인 2. 죄악된, 모든, 죄인 3. 믿음, 아브라함, 아브라함, 믿음 4. 정죄함, 주권, 지혜 5. 모든, 기뻐하시는

## 나눔
## 질문

❶ 하나님은 죄인인 우리를 오직 그리스도를 믿는 믿음만으로 의롭다 여겨 주시고 구원해 주셨습니다. 이제 우리는 하나님께 나아가 그분을 아빠 아버지라고 부르며 우리의 모든 것을 간구할 수 있습니다. 나는 하나님의 구원하심에 얼마나 감사하며 그분께 나아가나요?

❷ 《리딩지저스》 5권을 통해 우리는 사복음서, 사도행전, 로마서를 살펴보았습니다.《리딩지저스》와 함께하는 통독을 통해 무엇을 배웠으며 어떤 유익이 있었는지 서로 나누어 봅시다.

❸ 복음을 누리며 기뻐하는 한 주간이 되기 위해 내가 실천할 수 있는 것들을 나누어 봅시다.

**기도로 함께**

**소망하며**

❶ 성경 말씀에 기초해, 찬양과 감사의 기도를 드립니다.

그러므로 이제 그리스도 예수 안에 있는 자에게는 결코 정죄함이 없나니

이는 그리스도 예수 안에 있는 생명의 성령의 법이

죄와 사망의 법에서 너를 해방하였음이라

로마서 8:1-2

❷ 일상의 변화를 소망하며, 회개와 결단의 기도를 드립니다.

❸ 서로를 위해, 또 교회를 위해 기도합니다.

## 하나님을 향한 찬양

### 시편 27편 1-6절

여호와는 나의 빛이요 나의 구원이시니
내가 누구를 두려워하리요
여호와는 내 생명의 능력이시니
내가 누구를 무서워하리요
악인들이 내 살을 먹으려고 내게로 왔으나
나의 대적들, 나의 원수들인 그들은 실족하여 넘어졌도다
군대가 나를 대적하여 진 칠지라도
내 마음이 두렵지 아니하며
전쟁이 일어나 나를 치려 할지라도
나는 여전히 태연하리로다
내가 여호와께 바라는 한 가지 일 그것을 구하리니
곧 내가 내 평생에 여호와의 집에 살면서
여호와의 아름다움을 바라보며
그의 성전에서 사모하는 그것이라
여호와께서 환난 날에 나를 그의 초막 속에 비밀히 지키시고
그의 장막 은밀한 곳에 나를 숨기시며
높은 바위 위에 두시리로다
이제 내 머리가 나를 둘러싼 내 원수 위에 들리리니
내가 그의 장막에서 즐거운 제사를 드리겠고
노래하며 여호와를 찬송하리로다

내가 율법이나 선지자를
폐하러 온 줄로 생각하지 말라
폐하러 온 것이 아니요
완전하게 하러 함이라

마태복음 5장 17절

# 그림 목록

| | | |
|---|---|---|
| 5장 | 174-175, 193쪽 | 《"그림으로 본 성경" 목판화 Woodcut for "Die Bibel in Bildern"》, Julius Schnorr von Karolsfeld |
| | 182쪽 | 《오순절 성령 강림 Pentecost》, Duccio di Buoninsegna |
| | 189쪽 | 《베드로의 오순절 설교 Peter Preaching at Pentecost》, Benjamin West |
| 6장 | 210-211, 227쪽 | 《사도 바울 The Apostle Paul》, Rembrandt Harmenszoon van Rijn |
| | 213쪽 | 《바울의 회심 Conversion of Paul the Apostle》, Hans Speckaert |
| | 221쪽 | 《재판받는 사도 바울 Apostle Paul On Trial》, Nikolai Bodarevsky |
| | 224쪽 | 《서신을 쓰고 있는 바울 Paul Writing His Epistles》, Valentin de Boulogne |
| 7장 | 244-245, 263쪽 | 《파피루스 46 Papyrus 46》, University of Michigan |
| | 247쪽 | 《로마 카프리치오 Roman Capriccio》, Giovanni Paolo Panini |
| | 253쪽 | 《이삭을 제물로 바치는 아브라함 The Sacrifice of Isaac》, Rembrandt Harmenszoon van Rijn |
| | 260쪽 | 《성 마르첼리누스와 베드로의 지하 무덤에 있는 프레스코 벽화 Fresco of a banquet at a tomb in the Catacomb of Saints Marcellinus and Peter》, Unknown author |
| | 272-273쪽 | 《그리스도의 세례 The Baptism of Christ》, José Ferraz de Almeida Júnior |
| | 148쪽 | Google Arts & Culture |
| | 151, 189쪽 | wikimedia commons |
| | 그 외 | wikipedia |

미국 웨스트민스터 신학교

# 한국어 신학연구 석사 과정 KMATS

미국 웨스트민스터 신학교의
KMATS Korean Master of Theological Studies는
전 세계 그리스도인이 성경의 진리에 기초한
건강한 신학을 삶과 일터,
사역의 현장에 적용할 수 있도록
훈련하는 프로그램입니다.
《리딩지저스》 시리즈는
웨스트민스터 신학교 KMATS 프로그램의 과목인
"구약성경과 그리스도", "신약성경과 그리스도"
수업 내용의 일부를 쉽게 재구성하여 집필했습니다.

**특징**

❶ 100% 온라인 프로그램으로 세계적인 미국 웨스트민스터 신학교 교수진의 강의를 언어와 지역에 상관없이 한국어로 들을 수 있습니다.
❷ 온라인 담당 한국인 교수와 함께 실시간으로 자유롭게 질의응답할 수 있습니다.
❸ 한 학기에 한 과목 수강으로 바쁜 일상 중에도 부담 없이 참여할 수 있습니다.

**대상**

❶ 그리스도 중심 설교를 배우고 싶은 목회자
❷ 하나님의 말씀을 확신 있게 가르치고 싶은 평신도 지도자
❸ 해외 선교 현장에서 신학 교육의 필요성을 느끼는 선교사

**개요**

| 100% 온라인 | 12과목 이수 | 1.5년-3년 소요 |
|---|---|---|
| 1년 4학기 개강 | 한 학기 10주 | 개별과목 수강 |

- 졸업 요건은 12과목 이수 여부와 졸업 총괄 평가로 이루어집니다.
- 1년 4학기로 1월, 3월, 6월, 9월에 개강하며, 매 학기 입학할 수 있습니다.
- 전체 학위 과정에 참여하지 않고 관심 있는 과목만 수강할 수 있습니다.

**과목**

- 구약성경과 그리스도 Old Testament Survey
- 신약성경과 그리스도 New Testament Survey
- 성경 해석 원리 Principles of Biblical Interpretation
- 조직신학 개론 Introduction to Systematic Theology
- 변증학 개론 Introduction to Apologetics
- 교회사 I History of Christianity I
- 신론: 하나님을 아는 지식 Doctrine of God
- 구약성경 적용 Old Testament for Application
- 신약성경 적용 New Testament for Application
- 예배를 위한 성경신학 Biblical Theology of Worship
- 구원론: 그리스도와의 연합 Union with Christ
- 기독교와 문화 Christianity and Culture
- 교회사 II History of Christianity II
- 과학과 신앙 Science and Faith

**개별 과목 수강 트랙**

전체 학위 과정을 이수하지 않고, 원하는 과목만 개별 수강할 수 있습니다. 평소 성경과 신앙에 대해 풀리지 않던 질문이 있었다면 아래 추천 과목 중에 선택하여 수강하길 바랍니다. KMATS 프로그램의 신뢰할 수 있는 신학적 틀 안에서 자유롭게 질문하며 답을 찾아갈 기회를 얻게 될 것입니다.

**추천 과목**

| 그리스도 중심 설교 ∨ | 성경 신학적 토대 ∨ | 일터와 신앙, 문화의 이해 ∨ |
|---|---|---|
| • 구약성경과 그리스도 | • 구약성경과 그리스도 | • 기독교와 문화 |
| • 신약성경과 그리스도 | • 신약성경과 그리스도 | • 과학과 신앙 |
| • 구약성경 적용 | • 조직신학 개론 | • 교회사 2 |
| • 신약성경 적용 | • 변증학 개론 | • 변증학 개론 |

**교수진**

싱클레어 퍼거슨
Dr. Sinclair Ferguson

이안 더귀드
Dr. Iain Duguid

윌리엄 애드가
Dr. William Edgar

데이비드 가너
Dr. David Garner

번 포이트레스
Dr. Vern Poythress

조나단 깁슨
Dr. Jonathan Gibson

브랜든 크로우
Dr. Brandon Crowe

채드 반 딕스훈
Dr. Chad Van Dixhoorn

리차드 개핀
Dr. Richard Gaffin

○ ○ ○

**문의**

홈페이지 www.wts.edu/kmats
카카오 채널 “kmats”를 검색
이메일 kmats@wts.edu
전화 02-2289-9081

미국 웨스트민스터 신학교는
그리스도와 전 세계에 있는 그의 교회를 위하여
1929년에 설립되었습니다.

웨스트민스터 신학교는 설립된 이래로 한결같이
성경이 무오하고 권위 있는 하나님 말씀이라는 신념으로
학문적 탁월성과 그리스도 중심적 성경 해석에
철저히 헌신해 왔습니다.

지난 90여 년간 하나님의 은혜로
웨스트민스터 신학교를 통해
한국 교회와 전 세계 교회를 섬기는 지도자들이
배출되었습니다.

이제 그 자리에서 함께할 당신을 기다립니다.

설립 100주년을 맞이하며 웨스트민스터 신학교는 한국 교회와
함께 전 세계 교회를 섬기는 비전을 품고 앞으로 달려 나갑니다.

---

**한국 사역** | **리딩지저스** | **한국어 신학연구 석사 과정**KMATS | **한국어 목회학 박사 과정**KDMIN